El monje que vendió su Ferrari

El Monje Que Vendió Su Ferrari

R O B I N S . S H A R M A

Traducción de
Pedro Fortuna

Grijalbo

El monje que vendió su Ferrari

Título original: *The Monk Who Sold His Ferrari*

Primera edición: 2004
Octava reimpresión: noviembre, 2009

© 1997, Robin S. Sharma
© 1998, Pedro Fontana, por la traducción

D. R. © 1998, de la edición en castellano para todo el mundo:
    Random House Mondadori, S.A..
    Travessera de Gràcia, 47-49, 08021 Barcelona

D. R. © 1998, derechos mundiales de edición en lengua castellana:
    Random House Mondadori, S. A. de C. V.
    Av. Homero núm. 544, Col. Chapultepec Morales,
    Del. Miguel Hidalgo, C. P. 11570, México, D. F.

www.rhmx.com.mx

Comentarios sobre la edición y contenido de este libro a:
literaria@rhmx.com.mx

ISBN 978-970-780-488-3

Impreso en México / *Printed in Mexico*

Para mi hijo Colby,
por hacerme pensar día a día en todo
lo bueno de este mundo. Dios te bendiga

ÍNDICE

AGRADECIMIENTOS

El monje que vendió su Ferrari ha sido un proyecto muy especial que ha visto la luz gracias al esfuerzo de gente también muy especial. Estoy profundamente agradecido a mi magnífico equipo de producción y a todos aquellos cuyo entusiasmo y energía han hecho posible que este libro sea una realidad, en especial a mi familia de Sharma Leadership International. Vuestro compromiso y sentido del éxito me conmueve de veras.

Gracias especiales:

A los millares de lectores de mi primer libro, *MegaLiving!*, que tuvieron la bondad de escribirme y compartir sus historias de éxito o asistir a mis seminarios. Gracias por su apoyo y su cariño. Ustedes son la razón de que yo haga lo que hago.

A Karen Petherick, por tus incansables esfuerzos para que este proyecto cumpliera los plazos previstos.

A mi amigo de la adolescencia John Samson, por tus perspicaces comentarios sobre el primer borrador, y a Mark Klar y Tammy y Shareef Isa por vuestra valiosa aportación al manuscrito.

A Ursula Kaczmarczyk, del departamento de Justicia, por todo el apoyo.

A Kathi Dunn por el brillante diseño de la cubierta. Creía que nada podía superar a *Timeless Wisdom for Self-Mastery*. Me equivocaba.

A Mark Victor Hansen, Rick Frishman, Ken Vegotsky, Bill Oulton y, cómo no, a Satya Paul y Krishna Sharma.

Y, sobre todo, a mis maravillosos padres, Shiv y Shashi Sharma, que me han guiado y ayudado desde el primer día; a mi leal y sabio hermano Sanjay Sharma y a su esposa, Susan; a mi hija, Bianca, por su presencia; y a Alka, mi esposa y mejor amiga. Todos vosotros sois la luz que ilumina mi camino.

A Iris Tupholme, Claude Primeau, Judy Brunsek, Carol Bonnett, Tom Best y Michaela Cornell y el resto del extraordinario equipo de HarperCollins por su energía, entusiasmo y fe en este libro. Gracias muy especiales a Ed Carson, presidente de HarperCollins, por ser el primero en ver el potencial de esta obra, por creer en mí y por hacerlo posible.

La vida, para mí, no es una vela que se apaga. Es más bien una espléndida antorcha que sostengo en mis manos durante un momento, y quiero que arda con la máxima claridad posible antes de entregarla a futuras generaciones.

GEORGE BERNARD SHAW

UNO

El despertar

Se derrumbó en mitad de una atestada sala de tribunal. Era uno de los más sobresalientes abogados procesales de este país. Era también un hombre tan conocido por los trajes italianos de tres mil dólares que vestían su bien alimentado cuerpo como por su extraordinaria carrera de éxitos profesionales. Yo me quedé allí de pie, conmocionado por lo que acababa de ver. El gran Julián Mantle se retorcía como un niño indefenso postrado en el suelo, temblando, tiritando y sudando como un maníaco.

A partir de ahí todo empezó a moverse como a cámara lenta. «¡Dios mío —gritó su ayudante, brindándonos con su emoción un cegador vislumbre de lo obvio—, Julián está en apuros!» La jueza, presa del pánico, musitó alguna cosa en el teléfono privado que había hecho instalar por si surgía alguna emergencia. En cuanto a mí, me quedé allí parado sin saber qué hacer. No te me mueras ahora, hombre, rogué. Es demasiado pronto para que te retires. Tú no mereces morir de esta forma.

El alguacil, que antes había dado la impresión de estar embalsamado de pie, dio un brinco y empezó a practicar al héroe caído la respiración asistida. A su lado estaba la ayudante del abogado (sus largos rizos rozaban la cara amoratada de Julián), ofreciéndole suaves palabras de ánimo, palabras que él sin duda no podía oír.

Yo había conocido a Julián Mantle hacía diecisiete años, cuando uno de sus socios me contrató como interino durante el verano siendo yo estudiante de derecho. Por aquel entonces Julián lo tenía todo. Era un brillante, apuesto y temible abogado con delirios de grandeza. Julián era la joven estrella del bufete, el gran hechicero. Todavía recuerdo una noche que estuve trabajando en la oficina y al pasar frente a su regio despacho divisé la cita que tenía enmarcada sobre su escritorio de roble macizo. La frase pertenecía a Winston Churchill y evidenciaba qué clase de hombre era Julián: «Estoy convencido de que en este día somos dueños de nuestro destino, que la tarea que se nos ha impuesto no es superior a nuestras fuerzas; que sus acometidas no están por encima de lo que soy capaz de soportar. Mientras tengamos fe en nuestra causa y una indeclinable voluntad de vencer, la victoria estará a nuestro alcance.»

Julián, fiel a su lema, era un hombre duro, dinámico y siempre dispuesto a trabajar dieciocho horas diarias para alcanzar el éxito que, estaba convencido, era su destino. Oí decir que su abuelo fue un destacado senador y su padre un reputado juez federal. Así pues, venía de buena familia y grandes eran las expectativas que soportaban sus espaldas vestidas de Armani. Pero he de admitir una cosa: Julián corría su propia carrera. Estaba resuelto a hacer las cosas a su modo... y le encantaba lucirse.

El extravagante histrionismo de Julián en los tribunales solía ser noticia de primera página. Los ricos y los famosos se arrimaban a él siempre que necesitaban los servicios de un soberbio estratega con un deje de agresividad. Sus actividades extracurriculares también eran conocidas: las visitas nocturnas a los mejores restaurantes de la ciudad con despampanantes top-models, las escaramuzas etílicas con la bulliciosa banda de brokers que él llamaba su «equipo de demolición», tomaron aires de leyenda entre sus colegas.

Todavía no entiendo por qué me eligió a mí como ayudante para aquel sensacional caso de asesinato que él iba a defender durante ese verano. Aunque me había licenciado en la facultad de derecho de Harvard, su alma máter, yo no era ni de lejos el mejor interino del bufete y en mi árbol genealógico no había el menor rastro de sangre azul. Mi padre se pasó la vida como guardia de seguridad en una sucursal bancaria tras una temporada en los marines. Mi madre creció anónimamente en el Bronx.

El caso es que me prefirió a mí antes que a los que habían cabildeado calladamente para tener el privilegio de ser su factótum legal en lo que se acabó llamando «el no va más de los procesos por asesinato». Julián dijo que le gustaba mi «avidez». Ganamos el caso, por supuesto, y el ejecutivo que había sido acusado de matar brutalmente a su mujer estaba ahora en libertad (dentro de lo que le permitía su desordenada conciencia, claro está).

Aquel verano recibí una suculenta educación. Fue mucho más que una clase sobre cómo plantear una duda razonable allí donde no la había; eso podía hacerlo cualquier abogado que se preciara de tal. Fue más bien una lección sobre la psicología del triunfo y una rara oportunidad de ver a un maestro en acción. Yo me empapé de todo como una esponja.

Por invitación de Julián, me quedé en el bufete en calidad de asociado y pronto iniciamos una amistad duradera. Admito que no era fácil trabajar con él. Ser su ayudante solía convertirse en un ejercicio de frustración, lo que comportaba más de una pelea a gritos a altas horas de la noche. O lo hacías a su modo o te quedabas en la calle. Julián no podía equivocarse nunca. Sin embargo, bajo aquella irritable envoltura había una persona que se preocupaba de verdad por los demás.

Aunque estuviera muy ocupado, él siempre preguntaba por Jenny, la mujer a quien sigo llamando «mi prometida» pese a que nos casamos antes de que yo empezara a estudiar leyes. Al saber por otro interino que yo estaba pasando apuros económicos, Julián se ocupó de que me concedieran una generosa beca de estudios. Es verdad que le gustaba ser implacable con sus colegas, pero jamás dejó de lado a un amigo. El verdadero problema era que Julián estaba obsesionado con su trabajo.

Durante los primeros años justificaba su dilatado horario afirmando que lo hacía «por el bien del bufete» y que tenía previsto tomarse un mes de descanso «el próximo invierno» para irse a las islas Caimán. Pero el tiempo pasaba y, a medida que se extendía su fama de abogado brillante, su cuota de trabajo no dejaba de aumentar. Los casos eran cada vez mayores y mejores, y Julián, que era de los que nunca se amilanan, continuó forzando la máquina. En sus escasos momentos de tranquilidad, reconocía que no era capaz de dormir más de dos horas seguidas sin despertar sintiéndose culpable de no estar trabajando en un caso. Pronto me di cuenta de que a Julián le consumía la ambición: necesitaba más prestigio, más gloria, más dinero.

Sus éxitos, como era de esperar, fueron en aumento. Consiguió todo cuanto la mayoría de la gente puede desear: una reputación profesional de campanillas con ingresos millonarios, una mansión espectacular en el barrio preferido de los famosos, un avión privado, una casa de vacaciones en una isla tropical y su más preciada posesión: un reluciente Ferrari rojo aparcado en su camino particular.

Pero yo sabía que las cosas no eran tan idílicas como parecía desde fuera. Si me percaté de las señales de una caída inminente fue, no porque mi percepción fuera mayor que la del resto del bufete, sino simplemente porque yo era quien pasaba más horas con él. Siempre estábamos juntos porque siempre estábamos trabajando, y a un ritmo que no parecía menguar. Siempre había otro caso espectacular en perspectiva. Para Julián los preparativos nunca eran suficientes. ¿Qué pasaría si el juez hacía tal o cual pregunta, no lo quisiera Dios? ¿Qué pasaría si nuestra investigación no era del todo perfecta? ¿Y si le sorprendían en mitad de la vista como al ciervo cegado por el resplandor de unos faros? Al final, yo mismo me vi metido hasta el cuello en su mundo de trabajo. Éramos dos esclavos del reloj, metidos en la sexagesimocuarta planta de un monolito de acero y cristal mientras la gente cuerda estaba en casa con sus familias, pensando que teníamos al mundo agarrado por la cola, cegados por una ilusoria versión del éxito.

Cuanto más tiempo pasaba con Julián, más me daba cuenta de que se estaba hundiendo progresivamente. Parecía tener un deseo de muerte. Nada le satisfacía. Al final su matrimonio fracasó, ya no hablaba con su padre y, aunque lo tenía todo, aún no había encontrado lo que estaba buscando. Y eso se le notaba emocional, física y espiritualmente.

A sus cincuenta y tres años, Julián tenía aspecto de septuagenario. Su rostro era un mar de arrugas, un tributo nada glorioso a su implacable enfoque existencial en general y al tremendo estrés de su vida privada. Las cenas a altas horas de la noche en restaurantes franceses, fumando gruesos habanos y bebiendo un cognac tras otro, le habían dejado más que obeso.

Se quejaba constantemente de que estaba enfermo y cansado de estar enfermo y cansado. Había perdido el sentido del humor y ya no parecía reírse nunca. Su carácter antaño entusiasta se había vuelto mortalmente taciturno. Creo que su vida había perdido el rumbo.

Lo más triste, quizá, fue que Julián había perdido también su pericia profesional. Así como antes asombraba a todos los presentes con sus elocuentes y herméticos alegatos, ahora se demoraba horas hablando, divagando sobre oscuros casos que poco o nada tenían que ver con el que se estaba viendo. Así como antes reaccionaba graciosamente a las objeciones del adversario, ahora derrochaba un sarcasmo mordaz que ponía a prueba la paciencia de unos jueces que antes le consideraban un genio del derecho penal. En otras palabras, la chispa de Julián había empezado a fallar.

No era sólo su frenético ritmo vital lo que le hacía candidato a una muerte prematura. La cosa iba más allá, parecía un asunto de cariz espiritual. Apenas pasaba un día sin que Julián me dijese que ya no se apasionaba por su trabajo, que se sentía rodeado de vacuidad. Decía que de joven había disfrutado con su trabajo, pese a que se había visto abocado a ello por los intereses de su familia. Las complejidades de la ley y sus retos intelectuales le habían mantenido lleno de vigor. La capacidad de la justicia para influir en los cambios sociales le había motivado e inspirado. En aquel entonces, él era más que un simple chico rico de Connecticut. Se veía a sí mismo como un instrumento de la reforma social, que podía utilizar su talento para ayudar a los demás. Esa visión dio sentido a su vida, le daba un objetivo y estimulaba sus esperanzas.

En la caída de Julián había algo más que una conexión oxidada con su modus vivendi. Antes de que yo empezara a trabajar en el bufete, él había sufrido una gran tragedia. Algo realmente monstruoso le había sucedido, según decía uno de sus socios, pero no conseguí que nadie me lo contara. Incluso el viejo Harding, célebre por su locuacidad, que pasaba más tiempo en el bar del Ritz-Carlton que en su amplio despacho, dijo que había jurado guardar el secreto. Fuera éste cual fuese, yo tenía la sospecha de que, en cierto modo, estaba contribuyendo al declive de Julián. Sentía curiosidad, por supuesto, pero sobre todo quería ayudarle. Julián no sólo era mi mentor, sino mi amigo.

Y entonces ocurrió: el ataque cardíaco devolvió a la tierra al divino Julián Mantle y lo asoció de nuevo a su calidad de mortal. Justo en medio de la sala número siete, un lunes por la mañana, la misma sala de tribunal donde él había ganado el «no va más de los procesos por asesinato».

DOS

El visitante
misterioso

Era una reunión urgente de todos los miembros del despacho. Mientras nos apretujábamos en la sala de juntas, comprendí que el problema era grave. El viejo Harding fue el primero en dirigirse a la asamblea.

—Me temo que tengo muy malas noticias. Julián Mantle sufrió un ataque ayer mientras presentaba el caso Air Atlantic ante el tribunal. Ahora se encuentra en la unidad de cuidados intensivos, pero los médicos me han dicho que su estado se ha estabilizado y que se recuperará. Sin embargo, Julián ha tomado una decisión que todos ustedes deben saber. Ha decidido abandonar el bufete y renunciar al ejercicio de su profesión. Ya no volverá a trabajar con nosotros.

Me quedé de una pieza. Sabía que Julián tenía sus problemas, pero jamás pensé que pudiera dejarlo. Además, y después de todo lo que habíamos pasado, pensé que hubiera debido tener la cortesía de decírmelo en persona. Ni siquiera dejó que fuera a verle al hospital. Cada vez que yo me presentaba allí, las enfermeras me decían que estaba durmiendo y que no se le podía molestar. Tampoco aceptó mis llamadas. Posiblemente yo le recordaba la vida que él deseaba olvidar. En fin. Una cosa sí tengo clara: aquello me dolió.

Todo eso sucedió hace unos tres años. Lo último que supe de Julián fue que se había ido a la India en no sé qué expedición. Le dijo a uno de los socios del bufete que deseaba simplificar su vida y que «necesitaba respuestas» que confiaba encontrar en ese místico país. Había vendido su residencia, su avión y su isla. Había vendido incluso el Ferrari. ¿Julián Mantle metido a yogui?, me dije. Qué caprichosos son los designios de la ley.

En esos tres años pasé de ser un joven leguleyo sobrecargado de trabajo a convertirme en un hastiado, y algo cínico, abogado más mayor. Jenny y yo teníamos una familia. Al final, yo también empecé a buscar un sentido a mi vida. Creo que todo vino por tener hijos. Fueron ellos quienes cambiaron mi manera de ver el mundo. Mi padre lo expresó mejor cuando dijo: «John, cuando estés a las puertas de la muerte seguro que no desearás haber pasado más tiempo en la oficina.» Así que empecé a quedarme más horas en casa, decidido a iniciar una vida decente, si bien más ordinaria. Me hice socio del Rotary Club e iba a jugar al golf todos los sábados para tener contentos a mis clientes y colegas. Pero debo decir que en mis momentos de tranquilidad pensaba a menudo en Julián y me preguntaba qué habría sido de él después de nuestra inesperada separación.

Tal vez estaría viviendo en la India, un lugar tan grande y diverso que hasta un alma inquieta como la suya podía encontrar allí un hogar. ¿O estaría haciendo senderismo en Nepal? ¿Buceando en las islas Caimán? Había una cosa segura: Julián no había vuelto a ejercer. Nadie había recibido una postal suya desde que partiera hacia su exilio voluntario.

Las primeras respuestas a algunas de mis preguntas llegaron hace cosa de dos meses. Yo acababa de reunirme con el último cliente de un día espantoso cuando Genevieve, mi talentosa ayudante, se asomó a la puerta de mi pequeño y bien amueblado despacho.

—Tienes una visita, John. Dice que es urgente y que no se irá hasta que hable contigo.

—Estoy con un pie fuera, Genevieve —repliqué con impaciencia—. Voy a comer un bocado antes de terminar el informe Hamilton. No me queda tiempo para recibir a nadie más. Dile que concierte una cita, como todo el mundo, y si te causa problemas llama a los de seguridad.

—Es que dice que es muy importante. No piensa aceptar una negativa.

Por un momento pensé en llamar yo mismo a seguridad, pero al comprender que podía tratarse de alguien en apuros, asumí una postura más tolerante.

—Está bien, dile que pase. A lo mejor me interesa y todo.

La puerta de mi despacho se abrió lentamente. Cuando por fin se abrió por completo, vi a un hombre risueño de unos treinta y cinco años. Era alto, delgado y musculoso, e irradiaba vitalidad y energía. Me recordó a aquellos chicos perfectos con los que yo iba a la facultad, hijos de familias perfectas, con casas perfectas y coches perfectos. Pero el visitante tenía algo más que aspecto saludable y juvenil. Una apacibilidad latente le daba un aire casi divino. Y los ojos: unos ojos penetrantes y azules que me traspasaron.

Otro abogado de primera que viene a quitarme el puesto, pensé para mí. Pero, bueno, ¿por qué se queda ahí parado mirándome? Espero que la mujer que defendí en el caso de divorcio que gané la semana pasada no fuera su esposa. Tal vez no estaría de más llamar a seguridad.

El joven siguió mirándome, tal como Buda habría hecho con su pupilo favorito. Tras un largo momento de incómodo silencio, el sujeto habló con un tono sorprendentemente perentorio.

—¿Es así como tratas a tus visitas, John, incluso a quienes te enseñaron todo cuanto sabes sobre la ciencia del éxito en una sala de tribunal? Ojalá me hubiera guardado mis secretos profesionales —dijo esbozando una sonrisa.

Una extraña sensación me cosquilleó en el estómago. Inmediatamente reconocí aquella voz como de miel. El corazón me dio un vuelco.

—¿Julián? ¿Eres tú? ¡No me lo puedo creer!

La sonora carcajada del visitante confirmó mis sospechas. El hombre que tenía ante mí no era otro que el añorado yogui de la India: Julián Mantle. Me asombró su increíble transformación. La tez espectral, la tos crónica y los ojos inermes de mi ex colega habían desaparecido. Ya no tenía aspecto de viejo ni esa expresión enfermiza que se había convertido en su distintivo. Todo lo contrario, aquel hombre parecía gozar de perfecta salud y su rostro sin arrugas estaba radiante. Tenía la mirada clara, una ventana perfecta a su extraordinaria vitalidad. Más sorprendente aún era la serenidad que rezumaba por todos sus poros. Mirándole desde mi butaca me sentí totalmente en paz. Julián ya no era el ansioso abogado de primera categoría que trabajaba en un bufete de campanillas. No, este hombre era un juvenil, vital y risueño modelo de cambio.

❧✦❧

TRES

La milagrosa transformación de Julián Mantle

Yo no salía de mi asombro.

¿Cómo podía alguien que sólo unos años atrás parecía un viejo verse ahora tan enérgico y tan vivo?, me pregunté con callada incredulidad. ¿Alguna droga mágica le había permitido beber de la fuente de la juventud? ¿Cuál era la causa de este extraordinario cambio de personalidad?

Fue Julián quien habló primero. Me dijo que el mundo hipercompetitivo de la abogacía se había cobrado su precio, no sólo física y emocionalmente, sino también en lo espiritual. El ritmo trepidante y las incesantes exigencias del trabajo le habían agotado por completo. Admitió que igual que su cuerpo se venía abajo, su mente había perdido brillo. El infarto no fue sino un síntoma de un problema más hondo. La presión constante y el extenuante trabajo de un abogado de primera categoría habían destruido asimismo su más importante —y quizá más humana— cualidad: su espíritu. Cuando su médico le planteó el ultimátum de renunciar a la abogacía o renunciar a la vida Julián creyó ver una oportunidad de oro de reavivar el fuego interior que había conocido de joven, un fuego que había ido extinguiéndose a medida que el derecho pasó de ser un placer a volverse un negocio.

Julián se entusiasmó visiblemente al explicar cómo había vendido todas sus posesiones materiales antes de partir rumbo a la India, un país cuya cultura ancestral y tradición mística le habían fascinado siempre. Viajó de aldea en aldea, a veces a pie, otras en tren, aprendiendo nuevas costumbres, contemplando paisajes eternos y amando cada vez más aquel pueblo que irradiaba calidez, bondad y una perspectiva refrescante sobre el verdadero significado de la vida. Incluso los más desposeídos abrían su casa —y su corazón— a aquel cauteloso visitante de Occidente. A medida que pasaban las semanas en aquel prodigioso entorno, Julián empezó a sentirse nuevamente vivo, quizá por primera vez desde que era niño. Pronto recuperó su curiosidad innata y su chispa creativa, así como su entusiasmo y sus ganas de vivir. Empezó a sentirse más jovial y sereno. Y recuperó algo más: la risa.

Aunque Julián había disfrutado hasta el último minuto de su estancia en aquel exótico país, dijo también que su viaje fue algo más que unas meras vacaciones para despejar una mente sobrecargada. Describió su temporada en la India como «una odisea personal del yo», confiándome que estaba dispuesto a descubrir quién era realmente y qué sentido tenía su vida antes de que fuera demasiado tarde. Para ello, su máxima prioridad era seguir el ejemplo de la enorme reserva de sabiduría aportada por aquella cultura y vivir un vida más plena, esclarecida y gratificante.

—No quiero pasarme de original, John, pero fue como si hubiera recibido una orden interior, algo que me decía que debía iniciar un viaje espiritual a fin de reavivar esa chispa que había perdido —dijo Julián—. Fueron años muy liberadores.

Cuanto más exploraba, más oía hablar de unos monjes hindúes que habían sobrepasado la centena, monjes que pese a su avanzada edad conservaban toda su energía, vitalidad y juventud. Cuanto más viajaba, más cosas sabía de yoguis longevos que habían conseguido dominar el arte del control mental y el despertar espiritual. Y cuantas más cosas veía, más ansiaba comprender la dinámica que se escondía tras aquellos milagros humanos, confiando en aplicar su filosofía a su propia vida.

Durante las primeras etapas del viaje, Julián buscó a conocidos y respetados profesores. Me dijo que todos sin excepción le recibieron con los brazos y los corazones abiertos, compartiendo con él todos los conocimientos que habían absorbido en sus largas vidas de callada contemplación sobre los más sublimes temas relacionados con la existencia. Julián trató de describir la belleza de los templos antiguos esparcidos por el místico paisaje de la India, edificios que parecían leales guardianes de la sabiduría de los tiempos. Dijo también que le emocionó la sacralidad de aquellos lugares.

—Fue una época mágica, John. Yo, que era un leguleyo viejo y cansado, que lo había vendido todo, desde mi Rolex hasta mi caballo de carreras, había metido lo poco que me quedaba en una mochila que se convertiría en mi único acompañante mientras me imbuía de las eternas tradiciones de Oriente.

—¿Te costó dejarlo? —pregunté, incapaz de contener mi curiosidad.

—En realidad fue muy fácil. La decisión de renunciar a la abogacía y a todas mis posesiones terrenas me pareció natural. Albert Camus dijo una vez que «la verdadera generosidad para con el futuro consiste en entregarlo todo al presente». Pues bien, eso hice yo. Sabía que necesitaba cambiar, así que decidí escuchar a mi corazón y hacerlo por todo lo alto. Mi vida se volvió mucho más sencilla y plena en cuanto dejé atrás el bagaje de mi pasado. Tan pronto prescindí de los grandes placeres de la vida, empecé a disfrutar de los pequeños, como ver un cielo estrellado al claro de luna o empaparme de sol en una gloriosa mañana de verano. Además, la India es un lugar tan estimulante intelectualmente que apenas pensé en lo que había dejado atrás.

Estos encuentros iniciales con los sabios y eruditos de esa cultura exótica no proporcionaron, pese a ser intrigantes, el saber que Julián ansiaba. La enseñanzas que él buscaba para cambiar su vida le rehuyeron en esa primera parte de su odisea. El primer paso real no llegó hasta que Julián llevaba siete meses en la India.

Fue estando en Cachemira, un místico estado que parece dormir al pie de la cordillera del Himalaya, cuando tuvo la suerte de conocer al yogui Krishnan. Aquel hombre frágil de cabeza rapada también había sido abogado en su «anterior reencarnación», como solía decir con una sonrisa poblada de dientes. Harto del ritmo febril que caracteriza la vida en la moderna Nueva Delhi, también él renunció a sus posesiones para retirarse a un mundo de extrema sencillez. Convertido en cuidador del templo de la aldea, Krishnan dijo que había llegado a conocerse a sí mismo y a saber cuál era su meta en la vida.

—Estaba cansado de que mi vida fuera como unas maniobras militares —le dijo a Julián—. Me di cuenta de que mi misión es servir a los demás y contribuir de algún modo a hacer de este mundo un lugar mejor. Ahora vivo para dar; paso los días y las noches en el templo, viviendo de forma austera pero gratificante. Comparto mis logros con todo aquel que acude a rezar. No soy más que un hombre que ha encontrado su alma.

Julián contó su historia a aquel ex abogado. Le habló de su vida de privilegios, de su avidez de riquezas y su obsesión por el trabajo. Reveló, con gran emoción, su lucha interior y la crisis espiritual que había experimentado cuando la brillante luz de su vida empezó a fluctuar al viento de una vida disipada.

—Yo también he recorrido ese camino, amigo mío. Yo también he sentido ese mismo dolor. Pero he aprendido que todo sucede por alguna razón —le dijo el yogui Krishnan—. Todo suceso tiene un porqué y toda adversidad nos enseña una lección. He comprendido que el fracaso, sea personal, profesional o incluso espiritual, es necesario para la expansión de la persona. Aporta un crecimiento interior y un sinfín de recompensas psíquicas. Nunca lamentes tu pasado. Acéptalo como el maestro que es.

Tras oír estas palabras, Julián sintió un gran alborozo. Quizá había encontrado en el yogui Krishnan al mentor que andaba buscando. ¿Quién mejor que otro ex abogado que, gracias a su propia odisea espiritual, había hallado una vida plena, para enseñarle los secretos de una existencia llena de equilibrio y satisfacción?

—Necesito tu ayuda, Krishnan. Necesito aprender a construir una vida de plenitud.

—Será un honor ayudarte en lo que pueda —se ofreció el yogui—, pero ¿puedo hacerte una sugerencia?

—Por supuesto.

—Desde que estoy al cuidado de este templo, he oído hablar mucho de un grupo de sabios que vive en las cumbres del Himalaya. Dice la leyenda que han descubierto una especie de sistema para mejorar profundamente la vida de cualquier persona, y no me refiero sólo en el plano físico. Se supone que es un conjunto holístico e integrado de principios y técnicas imperecederos para liberar el potencial de la mente, el cuerpo y el alma.

Julián estaba fascinado. Aquello parecía perfecto.

—¿Y dónde viven esos monjes?

—Nadie lo sabe, y yo ya soy demasiado viejo para iniciar su búsqueda. Pero te diré una cosa, amigo mío: muchos han tratado de encontrarlos y muchos han fracasado... con trágicas consecuencias. Las cumbres del Himalaya son muy traicioneras. Incluso los escaladores más avezados son impotentes ante sus estragos naturales. Pero si lo que buscas son las llaves de oro de la salud, la felicidad y la realización interior, yo no tengo ese saber; ellos sí.

Julián, que no se rinde fácilmente, presionó al yogui:

—¿Estás seguro de que no sabes dónde viven?

—Lo único que puedo decirte es que la gente de esta aldea los conoce como los Grandes Sabios de Sivana. En su mitología, Sivana significa «oasis de esclarecimiento». Estos monjes son venerados como si fueran divinos por constitución e influencia. Si supiera dónde encontrarlos, estaría obligado a decírtelo. Pero sinceramente, no lo sé; de hecho, no lo sabe nadie.

A la mañana siguiente, cuando los primeros rayos del sol empezaron a bailar en el horizonte, Julián se puso en camino hacia la tierra perdida de Sivana. Al principio pensó en contratar a un sherpa para que le ayudara en su ascensión, pero, por algún motivo, su instinto le dijo que aquel viaje debería hacerlo solo. Y así, quizá por primera vez en su vida, prescindió de los grilletes de la razón y decidió confiar en su intuición. Se sentía más seguro así. De alguna manera sabía que encontraría lo que estaba buscando. Así pues, con celo misionero, inició su escalada.

Los primeros días no presentaron dificultad. A veces encontraba a alguno de los alegres lugareños del pueblo de más abajo caminando por un sendero en busca quizá de madera para tallar o del santuario que aquel lugar ofrecía a quienes se atrevían a aventurarse tan cerca del cielo. Otras veces caminaba solo, empleando el tiempo para reflexionar sobre dónde había estado a lo largo de su vida... y hacia dónde se dirigía ahora.

El pueblo no era ya más que un puntito en aquel maravilloso lienzo de esplendor natural. La majestuosidad de los picos nevados del Himalaya hizo que su corazón latiera más deprisa, dejándole temporalmente sin aliento. Julián se sintió uno con el entorno, esa clase de relación que dos viejos amigos pueden disfrutar después de muchos años de escuchar los mutuos pensamientos y de reírse los chistes. El aire puro de la montaña despejó su mente y dio vigor a su espíritu. Después de haber dado la vuelta al mundo en varias ocasiones, Julián creía haberlo visto todo. Pero jamás había contemplado tanta belleza. Aquel momento mágico fue como un exquisito tributo a la sinfonía de la naturaleza. Se sintió a la vez alborozado, jubiloso y despreocupado. Y fue allí, con la humanidad a sus pies, cuando Julián se aventuró a salir de la cómoda envoltura de lo ordinario para iniciar su exploración del reino de lo extraordinario.

—Todavía recuerdo las palabras que me pasaban por la mente —dijo Julián—. Pensé que, en definitiva, la vida consiste en tomar opciones. El destino de cada uno de nosotros depende de las opciones que tomamos, y yo estaba seguro de que había tomado la correcta. Sabía que mi vida no volvería a ser igual y que algo fascinante, quizá incluso milagroso, estaba a punto de sucederme. Fue un despertar sorprendente.

Mientras Julián escalaba las enrarecidas regiones del Himalaya, empezó a sentirse nervioso.

—Pero fue un nerviosismo positivo, como el que sentía en un baile de gala o justo antes de empezar un caso excitante y los fotógrafos me perseguían por la escalinata de los tribunales. Y aunque no contaba con un guía ni con un mapa de la zona, el camino estaba claro y un estrecho sendero me fue llevando montaña arriba hacia los confines de aquella región. Fue como si tuviera una especie de brújula interior que me iba empujando hacia mi destino. Creo que no hubiera podido detenerme aunque lo hubiera querido. —Julián estaba entusiasmado, sus palabras brotaban como un torrente.

Dos días más siguió la ruta que esperaba podía llevarlo a Sivana, y en ese tiempo pensó en su vida pasada. Aunque se sentía liberado del estrés y la tensión que caracterizaran su antiguo mundo, se preguntaba en cambio si podría pasar el resto de su vida sin el reto intelectual que su profesión le había deparado desde que saliera de la facultad en Harvard. Sus pensamientos vagaron después a su suntuoso despacho en un resplandeciente rascacielos del centro y a la idílica casa de veraneo que había vendido por una miseria. Pensó en los viejos amigos con que frecuentaba los mejores restaurantes. Pensó también en su preciado Ferrari y en la sensación que le daba poner el motor en marcha y sentirse al mando de un poderoso vehículo.

Mientras se adentraba más y más en aquel místico paraje, sus reflexiones sobre el pasado se vieron interrumpidas por las maravillas que veía. Fue mientras meditaba sobre la belleza de la naturaleza cuando algo sorprendente sucedió.

Por el rabillo del ojo vio una figura, vestida extrañamente con una larga y ondulante túnica roja coronada por una capucha azul oscuro, caminando un poco más adelante. A Julián le sobresaltó ver a alguien más en aquel lugar remoto al que había llegado tras siete agotadores días. Como se hallaba a muchos kilómetros de toda civilización y aún no estaba seguro de que Sivana fuera un destino encontrable, gritó a su compañero de escalada.

La figura no sólo no respondió sino que apretó el paso sin

siquiera mirarlo. Al poco rato el misterioso viajero echó a correr, su túnica roja flameando graciosamente a su espalda.

—¡Por favor, amigo, necesito ayuda para llegar a Sivana! —gritó Julián—. Llevo siete días caminando con poca comida y agua. ¡Creo que me he perdido!

La figura se detuvo bruscamente. Julián se aproximó con cautela mientras el otro permanecía inmóvil y en silencio. Julián no pudo verle el rostro bajo la capucha, pero le chocó el contenido de la pequeña cesta que sostenía. Dentro había una colección de las flores más delicadas y bellas que Julián había visto jamás. La figura abrazó su cesta a medida que Julián se aproximaba, como para demostrar su gran amor por aquellas flores y su desconfianza hacia aquel occidental, tan corriente en aquel paraje como el rocío en el desierto.

Julián miró al viajero con curiosidad. Un rayo de sol le reveló que la cara que se ocultaba bajo la amplia capucha era de hombre. Pero Julián jamás había visto un hombre igual. Aunque tenía por lo menos la misma edad que él, sus rasgos dejaron a Julián como hechizado y le obligaron a quedarse mirándolo una eternidad. El hombre tenía ojos de gato, tan penetrantes que Julián se vio obligado a desviar la vista. Su tez de color oliváceo era lisa y flexible. Su cuerpo parecía fuerte y vigoroso. Y aunque sus manos delataban que no era joven, irradiaba tal juventud y vitalidad que Julián se quedó hipnotizado, como el niño cuando ve actuar por primera vez a un prestidigitador.

Debe de ser uno de los Grandes Sabios de Sivana, pensó Julián, casi sin poder contener su alegría.

—Me llamo Julián Mantle. He venido a aprender de los Sabios de Sivana. ¿Sabes dónde podría encontrarlos? —preguntó.

El hombre miró pensativo al cansado visitante de un país lejano. Su serenidad y su paz le daban un aspecto angelical.

Luego habló en voz muy baja, casi susurrando:

—¿Para qué buscas a esos sabios, amigo?

Presintiendo que, efectivamente, había dado con uno de los místicos monjes que a tantos habían eludido antes, Julián le abrió su corazón y le contó su odisea. Habló al viajero de su vida pasada y de la crisis espiritual que había tenido, el precio en salud y energía que había debido pagar a cambio de las fugaces recompensas que le deparaba la práctica de la abogacía. Habló de que había cambiado la riqueza del alma por una voluminosa cuenta bancaria y de la ilusoria gratificación de su estilo de vida «vive deprisa, muere joven». Y le contó sus viajes por la mística India y su encuentro con el yogui Krishnan, aquel abogado de Nueva Delhi que también había renunciado a su profesión en la esperanza de hallar la armonía interior y una paz duradera.

El viajero permaneció quieto y en silencio. No volvió a hablar hasta que Julián mencionó su ardoroso y casi obsesivo deseo de adquirir los antiguos principios de la sabiduría y el esclarecimiento. Poniendo un brazo sobre el hombro de Julián, dijo suavemente:

—Si de verdad tienes un deseo sincero de aprender esa sabiduría, entonces es mi deber ayudarte. Soy, en efecto, uno de esos sabios en busca de los cuales has recorrido tan largo camino. Eres la primera persona que nos encuentra desde hace muchos años. Enhorabuena. Admiro tu tenacidad. Como abogado debiste ser muy bueno.

Hizo una pausa, como si no estuviera seguro, y luego prosiguió:

—Si quieres, puedes venir como invitado mío a nuestro templo. Se halla en una parte escondida de esta región montañosa, pero aún quedan varias horas de camino. Mis hermanos te recibirán con los brazos abiertos. Trabajaremos juntos para enseñarte los principios y prácticas que nuestros antepasados nos han transmitido a través de los siglos.

»Antes de llevarte a nuestro mundo y compartir nuestros conocimientos para llenar tu vida de alegría, fuerza y determinación, debo pedirte que prometas una cosa. Cuando hayas aprendido las verdades eternas deberás regresar a tu país y hacer partícipes de esta sabiduría a cuantos la necesiten. Aunque aquí, en estas montañas mágicas, estamos aislados, no se nos escapa el trance por el que atraviesa tu mundo. La gente buena está perdiendo el rumbo. Debes darles la esperanza que se merecen. Es más, debes darles las herramientas para que se cumplan sus sueños. Es todo lo que pido.

Julián aceptó de inmediato las condiciones del sabio y prometió que llevaría el precioso mensaje a Occidente. Mientras los dos seguían ascendiendo hacia el pueblo perdido de Sivana, el sol indio empezó a ponerse, un gran círculo rojo que poco a poco se dejaba vencer por un sueño mágico tras el largo y agotador día. Julián me dijo que nunca ha olvidado la majestuosidad de aquel momento, cuando andaba en compañía de un monje por quien sentía una especie de amor fraternal, rumbo a un lugar lleno de maravillas y misterios.

—Fue sin duda el momento más memorable de mi vida —me confió.

Julián siempre había creído que la vida se reducía a unos cuantos momentos clave. Éste fue uno de ellos. En el fondo de su alma, tuvo la certeza de que era el primer momento del resto de su vida, una vida que pronto iba a ser mucho más de lo que nunca había sido.

CUATRO

Encuentro mágico
con los Sabios de Sivana

Tras andar durante horas por intrincados caminos y sendas herbosas, los dos viajeros llegaron a un verde y exuberante valle. En uno de sus lados, los picos del Himalaya ofrecían su protección como soldados castigados por la intemperie que guardaran el lugar donde descansaban sus generales. Al otro lado había un espeso bosque de pinos, tributo natural a esta tierra de fantasía.

El sabio miró a Julián y sonrió.

—Bienvenido al nirvana de Sivana.

Descendieron por otro camino y se adentraron en el bosque que formaba el lecho del valle. El olor a pino y a sándalo impregnaba el aire fresco y límpido de la montaña. Julián, que ahora iba descalzo para aliviar sus doloridos pies, notó la caricia del musgo húmedo. Le sorprendió ver vistosas orquídeas y otras flores hermosas bailando entre la arboleda, como si se deleitaran en el esplendor de aquel retazo diminuto de paraíso.

Julián oyó voces en la distancia, voces suaves y agradables al oído. Se limitó a seguir al sabio sin decir nada. Tras quince minutos de caminata llegaron a un claro. Lo que vio entonces fue algo que ni siquiera el mundano y difícilmente impresionable

Julián Mantle podía haber imaginado: una aldea hecha exclusivamente de lo que parecían rosas. En mitad del poblado había un pequeño templo, como los que Julián había visto en sus viajes a Tailandia y Nepal, pero éste estaba hecho de flores rojas, blancas y rosas unidas mediante largas tiras de cordel multicolor y ramitas. Las pequeñas chozas que punteaban el espacio circundante parecían las austeras casas de los sabios. También estaba hechas de rosas. Julián se quedó sin habla.

En cuanto a los monjes que vivían en la aldea, Julián vio que se parecían a su compañero de viaje, quien ahora le dijo que se llamaba yogui Raman. Explicó que era el más viejo de los sabios de Sivana y el líder del grupo. Los pobladores de aquella colonia de cuento de hadas tenían un aspecto extraordinariamente juvenil y se movían con gracia y aplomo. Ninguno de ellos hablaba, prefiriendo respetar la tranquilidad del lugar realizando sus tareas en silencio.

Los hombres, que parecían sólo una decena, llevaban la misma túnica roja que el yogui Raman, y sonrieron serenamente a Julián cuando hicieron su entrada en la aldea. Todos se veían apacibles, sanos y satisfechos. Fue como si las tensiones que tantas víctimas se cobran en nuestro mundo no tuviesen acceso a aquella cumbre de serenidad. Aunque habían transcurrido muchos años desde que vieran una cara nueva por última vez, aquellos sabios fueron comedidos en su recibimiento, ofreciendo una ligera reverencia a modo de saludo.

Las mujeres eran igualmente impresionantes. Con sus ondulantes saris de seda rosa y los lotos blancos que adornaban sus negros cabellos, iban de un lado a otro con sorprendente agilidad. Sin embargo, no se trataba del ajetreo frenético que invade nuestra sociedad. Aquí todo parecía fácil y alegre. Algunas trabajaban dentro del templo haciendo preparativos para lo que parecía una fiesta. Otras acarreaban leña y tapices ricamente bordados. La actividad era general. Todo el mundo parecía feliz.

En definitiva, las caras de los Sabios de Sivana revelaban el poder de su forma de vida. Aunque eran sin duda adultos y maduros, irradiaban un aura como infantil, el centelleo de sus ojos traslucía una lozana vitalidad. Ninguno tenía arrugas ni canas. Ninguno parecía viejo.

A Julián, que apenas podía creer lo que estaba viendo, le ofrecieron un festín de fruta fresca y hortalizas exóticas, dieta que, como supo más adelante, constituía una de las claves de la salud ideal que disfrutaban los sabios. Tras la comida, el yogui Raman acompañó a Julián hasta sus aposentos: una cabaña cubierta de flores donde había una pequeña cama con un bloc vacío a modo de diario. Aquélla sería su casa.

Aunque para Julián aquel mundo mágico de Sivana era una absoluta novedad, tenía sin embargo la sensación de que era un poco como volver a casa, un regreso a un paraíso que hubiera conocido mucho tiempo atrás. Aquella aldea de rosas no le resultaba del todo extraña. Su intuición le decía que su sitio estaba allí, aunque fuera durante un corto período. Ése iba a ser el lugar donde él reavivaría el fuego que había conocido antes de que la abogacía le privara del alma, un santuario donde su maltrecho espíritu podría empezar a sanar. Y así empezó la vida de Julián entre los Sabios de Sivana, una vida de sencillez, serenidad y armonía. Lo mejor estaba aún por venir.

CINCO

El alumno
espiritual de los sabios

Los sueños de los grandes soñadores jamás llegan a cumplirse, siempre son superados.

ALFRED LORD WHITEHEAD

Eran las ocho de la tarde y yo aún no había preparado mi alegato para el día siguiente. Estaba fascinado por la experiencia de aquel antiguo guerrero de la abogacía que había cambiado radicalmente de vida después de convivir y estudiar con aquellos sabios maravillosos del Himalaya. ¡Qué extraordinaria transformación! Me pregunté si los secretos aprendidos por Julián en aquel remoto rincón de la India podrían también elevar la calidad de mi vida y colmar mi propia sensación de estupor ante el mundo en que vivimos. Cuanto más escuchaba a Julián, más me daba cuenta de que mi alma se había ido oxidando. ¿Qué había sido de aquel increíble apasionamiento con que yo lo abordaba todo cuando era más joven? Entonces hasta la cosa más sencilla me llenaba de alegría. Tal vez había llegado la hora de reinventar mi destino.

Notando mi fascinación por su odisea y mi ansia de aprender el método de la vida esclarecida que los sabios le habían transmitido, Julián aceleró el ritmo de su relato. Me explicó que su deseo de saber, sumado a su inteligencia (pulida en muchos años de batallas en los tribunales), le había ganado el respeto de la comunidad de Sivana. Como muestra de su afecto hacia Julián, los monjes le habían hecho miembro honorario de su grupo y le trataban como parte integrante de la extensa familia.

Ansioso de ampliar sus conocimientos sobre los mecanismos de la mente, el cuerpo y el alma, Julián pasó literalmente todos sus momentos de vigilia bajo la tutela del yogui Raman. El sabio se convirtió más en padre que en maestro, pese a que sólo le separaban unos años de Julián. No había duda de que aquel hombre había acumulado la sabiduría de muchas vidas y, aún mejor, estaba dispuesto a compartirla con Julián.

Las sesiones empezaban antes del alba. El yogui Raman se sentaba con su entusiasmado alumno y llenaba su mente de ideas sobre el significado de la vida y de técnicas poco conocidas para vivir con mayor vitalidad, creatividad y satisfacción. Le enseñaba viejos principios que, según decía, cualquiera podía utilizar para conservarse joven y ser más feliz. Julián aprendió también que las disciplinas gemelas del dominio personal y la autorresponsabilidad impedirían que volviera al caos de la crisis que había caracterizado su vida en Occidente. A medida que las semanas se convertían en meses, Julián acabó siendo consciente del gran tesoro que dormía dentro de su mente, a la espera de ser empleado para más elevados objetivos. A veces el maestro y su alumno se quedaban sentados viendo surgir el sol de la India sobre los verdes prados inferiores. A veces descansaban en callada meditación, saboreando el silencio. Otras paseaban entre los pinos hablando de temas filosóficos y disfrutando del placer de la compañía mutua.

Julián dijo que los primeros indicios de su expansión personal llegaron a las tres semanas de estar con los sabios. Empezó a fijarse en la belleza de las cosas más comunes. Tanto si era la maravilla de una noche estrellada como el hechizo de una telaraña después de la lluvia, Julián lo absorbía. Dijo también que su nueva vida y las nuevas costumbres empezaron a tener un efecto grande en su mundo interior. Al mes de estar aplicando los principios y técnicas de Sivana, Julián había empezado a cultivar una profunda sensación de paz y serenidad interior que jamás había alcanzado en Occidente. Se volvió más alegre y espontáneo, más enérgico y creativo a medida que pasaban los días.

La vitalidad física y la fortaleza espiritual fueron los siguientes cambios en su actitud. Su cuerpo antaño obeso se volvió recio y delgado, mientras que la enfermiza palidez que siempre le devolvía el espejo era sustituida por un rostro donde brillaba la salud. Se sentía realmente capaz de cualquier cosa y de abrir el potencial infinito que existe dentro de cada uno de nosotros. Empezó a apreciar la vida y a ver la divinidad en todos sus aspectos. El viejo método de aquel grupo de místicos había empezado a obrar milagros.

Tras hacer una pausa como para expresar incredulidad ante su propia narración, Julián se puso filosófico:

—Me he dado cuenta de algo muy importante, John. El mundo, y en eso incluyo mi mundo interior, es un lugar muy especial. También he visto que el éxito externo no significa nada a no ser que tengas éxito interno. Hay una enorme diferencia entre el beneficio y el bienestar. Cuando yo era un importante abogado, solía mofarme de todas las personas que trabajaban para mejorar su vida interior y exterior. ¡Vive la vida!, solía pensar. Pero he aprendido que el autocontrol y el cuidado de la propia mente, cuerpo y alma son esenciales para encontrar el yo elevado de cada uno y para vivir la vida de nuestros sueños. ¿Cómo ocuparse de los demás si uno no se ocupa de sí mismo? ¿Cómo hacer el bien si ni siquiera te sientes bien? No puedo amar si no sé amarme a mí mismo.

De pronto, Julián pareció intranquilo.

—Nunca había abierto a nadie mi corazón como lo hago ahora. Te pido disculpas, John. Es que en esas montañas he experimentado tal catarsis, tal despertar espiritual a los poderes del universo, que veo que otros necesitan saber lo que yo he aprendido.

Viendo que se hacía tarde, me dijo que se marchaba y se despidió.

—No puedes irte ahora, Julián —le dije—. Estoy en ascuas por saber todo lo que aprendiste en el Himalaya y el mensaje que prometiste traer a Occidente. No puedes dejarme intrigado, sabes que no lo soporto.

—Volveré, pierde cuidado. Ya me conoces, en cuanto empiezo a contar algo ya no puedo parar. Pero tú tienes cosas que hacer, y a mí me esperan ciertos asuntos privados.

—Bien, pero dime una cosa. ¿Me servirán los métodos que aprendiste en Sivana?

—Cuando el alumno está listo, aparecen los maestros —respondió—. Tú, y muchas otras personas de nuestra sociedad, estáis preparados para conocer la sabiduría de la que me honro en ser portador. Todos nosotros deberíamos conocer la filosofía de los sabios. Todos podemos beneficiarnos de ella. Todos hemos de conocer esa perfección que es nuestro estado natural. Te prometo que compartiré ese saber contigo. Ten paciencia. Nos veremos mañana por la noche, esta vez en tu casa. Entonces te diré lo que necesitas saber para mejorar tu vida. ¿Te parece bien?

—De acuerdo. Supongo que si he pasado sin ello todos estos años, esperar veinticuatro horas más no me hará ningún daño —respondí.

Dicho esto, el gran abogado convertido en yogui desapareció, dejándome con la cabeza llena de preguntas sin respuesta y de pensamientos inconclusos.

Sentado a solas en mi despacho, comprendí lo pequeño que es en realidad nuestro mundo. Pensé en los amplísimos conocimientos que apenas empezaba a vislumbrar. Pensé en lo que sería recuperar mis ganas de vivir, y en la curiosidad que yo había sentido de joven. Quería sentirme más vivo y aportar energía desbordante a mi vida cotidiana. Tal vez yo también abandonaría mi profesión. ¿Estaría llamado a una vocación más elevada? Con estas cosas en la cabeza, apagué las luces, cerré mi despacho y salí al pegajoso calor de otra noche de verano.

❧

SEIS

La sabiduría
del cambio personal

Soy un artista del vivir; mi obra de arte es mi vida.

SUZUKI

Fiel a su palabra, Julián se presentó en mi casa al día siguiente, a las siete, y llamó con cuatro golpes rápidos en la puerta. Mi casa es un edificio a la moda con espantosas persianas rosas que, según mi mujer, recordaban las casas que salían en *Architectural Design*. Julián tenía un aspecto radicalmente distinto al del día anterior. Todavía se le veía radiante de salud y exudando una increíble sensación de calma interior. Pero lo que llevaba me inquietó un poco.

Iba enfundado en una larga túnica roja provista de una capucha azul con bordados. Y aunque estábamos en julio y hacía un calor sofocante, él llevaba puesta la capucha.

—Saludos, amigo —dijo Julián con entusiasmo.

—Hola.

—No pongas esa cara, ¿qué esperabas, que llevara un traje de Armani?

Los dos nos echamos a reír. Julián no había perdido un ápice de su agudo sentido del humor que antaño me había entretenido tanto.

❧

Mientras nos relajábamos en mi atestada pero confortable sala de estar, no pude evitar fijarme en el complicado collar de cuentas de madera que llevaba al cuello.

—¿De qué son las cuentas? Son muy bonitas.

—Te lo contaré después —dijo Julián—. Tenemos mucho de que hablar esta noche.

—Pues al grano. Hoy apenas he dado golpe de lo nervioso que estaba por nuestro encuentro.

Inmediatamente, Julián empezó a revelarme más cosas sobre su transformación personal y la facilidad con que se produjo. Me habló de las antiguas técnicas que había aprendido para controlar la mente y para borrar el hábito de preocuparse que a tantos afecta en nuestra compleja sociedad. Habló de las enseñanzas de los monjes para vivir una vida más plena y gratificante. Y habló también de una serie de métodos para liberar el manantial de juventud y energía que, dijo, todos llevamos dentro en estado latente.

Aunque se expresaba con convicción, yo empecé a mostrarme escéptico. ¿Estaría siendo víctima de una broma? Al fin y al cabo, este jurista salido de Harvard había sido célebre en el bufete por sus bromas pesadas. Además, su historia era absolutamente fantástica. Imagínese: uno de los mejores abogados del país arroja la toalla, vende todas sus posesiones terrenales y emprende una odisea a pie por el norte de la India, para regresar convertido en profeta del Himalaya. No podía ser verdad.

—Venga, Julián. No me tomes más el pelo. Todo esto empieza a parecerse a una de tus bromas. Apuesto que has alquilado la túnica en la tienda de disfraces que hay en frente de mi oficina.

Julián reaccionó al punto, como si ya hubiera esperado que no le creyera.

—¿Cómo argumentas un caso cuando estás ante el tribunal?

—Aportando pruebas persuasivas.

—Bien. Mira las pruebas que yo aporto. Mira mi cara, sin una sola arruga. Mira mi físico. ¿Notas la abundancia de energía que hay en mí? Mira mi tranquilidad. Seguro que notas que he cambiado.

No le faltaba razón. Este hombre, apenas unos años atrás, parecía dos décadas más viejo.

—No habrás ido a un cirujano plástico, ¿verdad?

—No. —Sonrió—. Ellos sólo piensan en la persona exterior. Yo necesitaba curarme por dentro. Mi vida desequilibrada y caótica me dejó en una situación límite. Lo que sufrí fue mucho más que un ataque al corazón. Fue una ruptura de mi núcleo interno.

—Pero es que todo suena tan... misterioso e insólito.

Julián mantuvo la calma ante mi insistencia. Al ver la tetera que yo había dejado sobre la mesa, él mismo empezó a servirme. Vertió el té hasta llenar la taza... ¡y siguió haciéndolo! El té empezó a caer sobre el platillo y luego sobre la querida alfombra persa de mi mujer. Al principio me quedé perplejo. Pero luego chillé:

—¿Qué estás haciendo? Mi taza ya está llena. ¡Por más que lo intentes no admitirá más té!

Julián me miró largamente.

—No me interpretes mal. Yo te respeto, John. Siempre lo he hecho. Sin embargo, igual que esta taza, tú pareces estar lleno de ideas propias. ¿Cómo van a entrar más, si no vacías primero tu taza?

Me chocó la verdad de sus palabras. Julián tenía razón. Mis años en el conservador mundo de la abogacía, haciendo siem-

EL MONJE QUE VENDIÓ SU FERRARI

pre las mismas cosas con la misma gente que pensaba las mismas cosas cada día, habían llenado mi taza hasta el borde. Jenny siempre me estaba diciendo que deberíamos conocer gente nueva y explorar nuevas cosas. «Ojalá fueras un poco más aventurero, John», solía decirme.

Ya no recordaba cuándo fue la última vez que leí un libro que no tuviera que ver con leyes. Mi profesión era toda mi vida. Empecé a comprender que el mundo al que estaba acostumbrado había embotado mi creatividad y limitado mi visión del mundo.

—De acuerdo. Entiendo lo que dices —admití—. Es posible que todos estos años me hayan convertido en un escéptico. Desde que te vi ayer en mi despacho, algo me dijo que tu transformación era genuina, y que yo podía aprender algo de todo ello. Tal vez no quería creerlo.

—John, ésta es la primera noche de tu nueva vida. Sólo te pido que pienses en los conocimientos que voy a compartir contigo y que los apliques durante un mes con total convicción. Toma estos métodos confiando en su efectividad. Hay una razón para que hayan sobrevivido millares de años: es que funcionan.

—Un mes me parece mucho tiempo.

—Invertir 672 horas de trabajo interior para mejorar profundamente tus momentos de vigilia para el resto de tu vida es una ganga, ¿no te parece? Invertir en ti mismo es lo mejor que puedes hacer. No sólo conseguirás mejorar tu vida sino también las de quienes te rodean.

—¿Y eso?

—Sólo cuando domines el arte de amarte a ti mismo podrás amar de verdad a los demás. Sólo abriendo tu corazón podrás llegar al corazón de los demás. Cuando te sientas centrado y vivo de verdad, estarás en buena posición para ser una persona mejor.

—¿Qué puedo esperar que ocurra en esas 672 horas de que se compone un mes? —pregunté.

—Experimentarás cambios en tu mente, tu cuerpo e incluso tu alma que te sorprenderán. Tendrás más energía, entusiasmo y armonía interna de las que has tenido en toda tu vida. La gente empezará por decirte que pareces más joven y más feliz. Recuperarás la sensación de bienestar y equilibrio. Éstos son sólo algunos de los beneficios del Método de Sivana.

—Caramba.

—Todo lo que vas a oír esta noche está pensado para mejorar tu vida, no sólo personal y profesional sino también espiritual. El consejo de los sabios es tan válido hoy como lo era hace cinco mil años. No sólo enriquecerá tu mundo interior, también reforzará tu mundo exterior y te hará más eficaz en todo lo que hagas. Esta sabiduría es la fuerza más poderosa que he conocido jamás. Es práctica y directa y ha sido probada durante siglos en el laboratorio de la vida. Es más, funciona para todo el mundo. Pero antes de que comparta contigo este saber, has de prometerme una cosa.

Imaginaba que tenía que haber algún compromiso. «Nadie come gratis», solía decir mi madre.

—Una vez hayas comprobado el poder de las estrategias y tácticas que me enseñaron los Sabios de Sivana y observes los radicales resultados que producirán en tu vida, deberás aceptar la misión de transmitir estos conocimientos a otros para que puedan beneficiarse de ellos. Accediendo, me ayudarás a cumplir la promesa que hice al yogui Raman.

Accedí sin reservas, y Julián empezó a enseñarme el método que había llegado a considerar sagrado. Si bien las técnicas que había llegado a dominar eran variadas, en el fondo del Método de Sivana había siete virtudes básicas, siete principios fundamentales que encarnaban las claves del autodominio, la responsabilidad personal y el esclarecimiento espiritual.

Julián me dijo que el yogui Raman fue el primero en enseñarle las siete virtudes tras unos meses en Sivana. Una noche despejada, cuando todos los demás estaban durmiendo, Raman llamó suavemente a la choza de Julián. Con la voz de un guía amable, dijo:

—Te he venido observando durante muchos días, Julián. Creo que eres un hombre honesto que desea con fervor llenar su vida de todo lo que es bueno. Desde que llegaste has abierto tu mente a nuestras tradiciones y las has abrazado como propias. Has aprendido algunos de nuestros hábitos cotidianos y has visto sus muchos y saludables efectos. Has sido respetuoso con nuestra forma de vivir. La gente de aquí ha vivido con sencillez desde tiempo inmemorial y nuestros métodos son conocidos por muy pocos. El mundo necesita oír nuestra filosofía. Esta noche, en la víspera de tu tercer mes en Sivana, voy a empezar a enseñarte las claves de nuestro sistema, no sólo en beneficio tuyo sino también en el de todos los que habitan en tu mundo. Me sentaré contigo a diario como lo hice con mi hijo cuando era pequeño. Por desgracia, mi hijo falleció hace unos años. Había llegado su hora, y yo no pongo en duda su partida. Lo pasamos bien juntos y su recuerdo me acompañará siempre. Yo te veo a ti como un hijo y me siento agradecido de que todo cuanto aprendí en mis años de contemplación pueda vivir ahora en tu interior.

Miré a Julián y reparé en que tenía los ojos cerrados, como si se hubiera transportado a aquel país de ensueño en el que había recibido la bendición de sus conocimientos.

—El yogui Raman me dijo que las siete virtudes para una vida rebosante de paz, alegría y riqueza interiores estaban contenidas en una fábula mística. Esta fábula era la esencia de todo. Me pidió que cerrara los ojos como he hecho ahora aquí mismo, en tu sala de estar. Luego me dijo que imaginase la siguiente escena con los ojos de mi mente:

Estás sentado en mitad de un espléndido y exuberante jardín. Este jardín está lleno de las flores más espectaculares que has visto nunca. El entorno es extraordinariamente tranquilo y callado. Saborea los sensuales placeres de este jardín y piensa que tienes todo el tiempo del mundo para disfrutar de este oasis. Al mirar alrededor ves que en mitad del jardín mágico hay un imponente faro rojo de seis pisos de alto. De repente, el silencio del jardín se ve interrumpido por un chirrido fuerte cuando la puerta del faro se abre. Aparece entonces un luchador de sumo japonés —mide casi tres metros y pesa cuatrocientos kilos—, que avanza indiferente hacia el centro del jardín.

—La cosa se pone bien. —Rió Julián—. ¡El luchador de sumo está desnudo! Bueno, en realidad no del todo. Un cable de alambre color de rosa cubre sus partes.

Cuando el luchador de sumo empieza a moverse por el jardín, encuentra un reluciente cronógrafo de oro que alguien olvidó muchos años atrás. Resbala y al momento cae con un golpe sordo. El luchador de sumo queda inconsciente en el suelo, inmóvil. Cuando ya parece que ha exhalado su último aliento el luchador despierta, quién sabe si movido por la fragancia de unas rosas amarillas que florecen cerca de allí. Con nuevas energías, el luchador se pone rápidamente en pie y mira intuitivamente hacia su izquierda. Lo que ve le sorprende mucho.

A través de las matas que hay al borde mismo del jardín observa un largo y serpenteante camino cubierto por millones de hermosos diamantes. Algo parece impulsar al luchador a tomar esa senda y, dicho sea en su honor, así lo hace. Ese camino le lleva por la senda de la alegría perdurable y la felicidad eterna.

Tras oír aquel extraño cuento allá en las cumbres del Himalaya y sentado junto a un monje que había visto de primera mano la antorcha de la verdadera luz, Julián me dijo que se desilusionó. Sencillamente, dijo que pensó que iba a oír algo definitivo, un esclarecimiento que le haría pasar a la acción o, por qué no, le arrancaría lágrimas. En cambio, sólo había escuchado una tontería sobre un luchador y un faro.

El yogui Raman detectó su desaliento:

—Nunca descuides el poder de la sencillez —le dijo a Julián—. Puede que esta historia no sea el discurso sofisticado que esperabas, pero su mensaje contiene un mundo de sensibilidad y su objeto es puro. Desde el día en que llegaste, he pensado mucho en cómo iba a compartir nuestro saber contigo. Al principio pensé darte una serie de lecciones a lo largo de varios meses, pero comprendí que este enfoque tradicional no se adaptaba a la naturaleza mágica del saber que estás a punto de recibir. Luego pensé en pedir a mis hermanos y hermanas que invirtieran un poco de tiempo contigo para introducirte en nuestra filosofía. Pero tampoco era éste el sistema más efectivo para que aprendieras lo que tenemos que decirte. Tras reflexionar largamente, llegué a lo que me parece un modo muy creativo y a la vez extremadamente eficaz de enseñar el método de Sivana al completo, con sus siete virtudes... y es esta fábula.

El sabio hizo una pausa y luego añadió:

—Al principio puede que te parezca frívolo e incluso infantil. Pero te aseguro que cada elemento de la fábula encarna un principio imperecedero y contiene un profundo significado. El jardín, el faro, el luchador de sumo, el cable de color rosa, el cronógrafo, las flores y el sinuoso sendero de los diamantes son símbolos de las siete virtudes para conseguir una vida de esclarecimiento. Te puedo asegurar también que si recuerdas esta historia y las verdades fundamentales que entraña, podrás llevar en tu interior todo cuanto necesitas saber para elevar tu vida al máximo nivel. Tendrás toda la información y las estrategias que necesitarás para modificar la calidad de tu vida y de las de cuantos te rodean. Y cuando apliques a diario este saber, podrás cambiar mental, física, emocional y espiritualmente. Te pido que escribas esta pequeña historia en tu mente y que la lleves en tu corazón. Si la abrazas sin reservas te aseguro que notarás la diferencia.

Julián meditó un momento y luego me dijo:

—Por suerte, John, así lo hice. Carl Jung escribió que «la visión sólo llega a ser clara cuando uno puede mirarse el corazón. El que mira hacia afuera, sueña; el que mira hacia dentro, despierta». Aquella noche tan especial, yo miré a mi corazón y desperté a los secretos seculares para enriquecer la mente, cultivar el cuerpo y nutrir el alma. Ahora me toca a mí compartir estos secretos contigo.

SIETE

❦

Un jardín
extraordinario

> La mayoría de la gente vive —ya sea física, intelectual o
> moralmente— en un círculo muy restringido de sus posibilida-
> des. Todos nosotros tenemos reservas de vida en las que ni si-
> quiera soñamos.
>
> WILLIAM JAMES

—En la fábula, el jardín es un símbolo de la mente —explicó Julián—. Si cuidas de tu mente, si la nutres y la cultivas
como si fuera un fértil jardín, florecerá más allá de tus expectativas. Pero si dejas que la maleza arraigue, nunca podrás alcanzar la paz de espíritu y la armonía interna... Deja que te haga
una pregunta, John. Si yo fuera al patio donde tienes ese jardín
del que tanto hablabas antes y echara residuos tóxicos sobre tus
queridas petunias, no te haría ninguna ilusión, ¿verdad?

—Cierto.

—En realidad, los buenos jardineros guardan sus posesiones como soldados orgullosos, y procuran que nada pueda
contaminar sus plantaciones. Pero fíjate en los residuos tóxicos
que la mayoría de la gente mete en el fértil jardín de su mente, y
eso un día tras otro: preocupaciones, ansiedades, la nostalgia

del pasado, los cálculos sobre el futuro y los miedos que ellos mismos alimentan y que pueden destrozar el mundo interior de cualquier persona. En la lengua nativa de los Sabios de Sivana, que existe desde hace cuatro mil años, el símbolo que representa por escrito la preocupación es muy similar al que simboliza una pira funeraria. El yogui Raman me dijo que no era una simple coincidencia. La preocupación priva a la mente de gran parte de su poder y, antes o después, acaba dañando el alma.

»Para vivir una vida de máxima plenitud hay que montar guardia y dejar que entre en tu jardín sólo la información más selecta. No puedes permitirte el lujo de un pensamiento negativo, ni uno solo. Las personas más alegres, dinámicas y satisfechas de este mundo no difieren mucho de ti o de mí. Todos estamos hechos de carne y hueso. Todos venimos de la misma fuente universal. Sin embargo, los que hacen algo más que existir, los que azuzan las llamas de su potencial humano y saborean la danza mágica de la vida sí hacen cosas distintas de los que viven una vida corriente. Y la más destacada de ellas es que adoptan un paradigma positivo acerca de su mundo y cuanto hay en él.

»Los sabios me enseñaron que en un día normal la persona normal tiene unos sesenta mil pensamientos. Lo que a mí me chocó, sin embargo, fue que el 99 por ciento de los mismos era exactamente igual que el día anterior.

—¿Lo dices en serio? —pregunté.

—Por supuesto. Es la tiranía del pensamiento empobrecido. La gente que piensa lo mismo todos los días, cosas negativas en su mayoría, han caído en malos hábitos mentales. En vez de concentrarse en las cosas buenas y pensar en cómo hacer que todo sea mejor, son cautivos de sus respectivos pasados. Unos se preocupan de fracasos sociales o problemas financieros. Otros se lamentan de sus infancias. Otros, en fin, se preocupan de asuntos más insignificantes: el modo en que un dependiente los ha tratado o el comentario malicioso de un compañero de trabajo. De ese modo permiten que las preocupaciones priven a su mente de su fuerza vital; están bloqueando el enorme potencial de la mente para aportar todo lo que ellos quieran, emocional, física y espiritualmente. Estas personas no se dan cuenta de que administrar la mente es administrar la vida.

»La manera de pensar depende del hábito, así de simple —prosiguió Julián con convicción—. En general la gente no se percata del enorme poder de la mente. He aprendido que incluso los más dotados pensadores utilizan sólo una centésima parte de sus reservas mentales. En Sivana, los sabios se atrevieron a explorar diariamente ese potencial. Y los resultados fueron asombrosos. El yogui Raman, a través de una práctica muy disciplinada, ha condicionado su mente hasta el punto de ser capaz de ralentizar su corazón a voluntad. Incluso había conseguido entrenarse para no dormir durante semanas. Aunque yo nunca te sugeriría que empezaras marcándote objetivos como ésos, sí te sugiero que empieces por considerar tu mente como lo que es: el mayor don de la naturaleza.

—¿Existen ejercicios para desbloquear el poder de la mente? —pregunté. Y añadí con frescura—: Si pudiera ralentizar mi corazón sería la sensación de la fiesta.

—De momento no te preocupes por eso. Te enseñaré unas técnicas que podrás practicar más adelante y que te mostrarán el poder de esta antigua tecnología. Por ahora, lo más importante es que entiendas que el dominio mental se logra con entrenamiento, ni más ni menos. Casi todos tenemos las mismas materias primas desde que respiramos nuestra primera bocanada de aire; lo que separa a los que consiguen más cosas o a los que son más felices es el modo en que emplean y refinan esos materiales. Cuando te dedicas a transformar tu mundo interior, tu vida pasa rápidamente del reino de lo ordinario al de lo extraordinario.

Mi maestro estaba cada vez más entusiasmado. Sus ojos parecían centellear mientras hablaba de la magia de la mente y de la abundancia de cosas buenas que eso traía consigo.

—Sabes, John, cuando baja el telón sólo hay una cosa sobre la que tenemos dominio absoluto.

—¿Nuestros hijos? —dije sonriendo.

—No; nuestras mentes. Quizá no podamos controlar el tiempo atmosférico, el tráfico o el humor de quienes nos rodean, pero ten por seguro que podemos controlar nuestra actitud hacia esos hechos. Todos tenemos el poder de determinar en qué cosa vamos a pensar en un momento dado. Esta capacidad es parte de lo que nos define como humanos. Sabes, una de las joyas de la sabiduría terrenal que he aprendido en mis viajes a Oriente es también una de las más sencillas.

Julián hizo una pausa como para invocar un don precioso.

—¿De qué se trata? —pregunté.

—No existe lo que llamamos realidad objetiva o «mundo real». No existen los absolutos. El rostro de tu peor enemigo puede ser el de mi mejor amigo. Algo que parece una tragedia para alguien puede contener la semilla de una magnífica oportunidad para otro. Lo que separa de veras a las personas alegres u optimistas de las que están sumidas en la desdicha es la forma de interpretar y procesar las circunstancias de la vida.

—Pero, Julián, una tragedia es siempre una tragedia.

—Te pondré un ejemplo. Estando en Calcuta conocí a una maestra de escuela llamada Malika Chand. Adoraba enseñar y trataba a sus alumnos como si fueran hijos suyos, alimentando su mente con enorme bondad. Su lema era «Vale tanto tu determinación como tu inteligencia». Toda la comunidad la conocía como una persona que vivía volcada hacia los demás, que servía desinteresadamente a quienes lo necesitaban. Por desgracia, su escuela, que había sido testigo silencioso del paso de generaciones de colegiales, sucumbió a las llamas de un incendio provocado por un pirómano. La comunidad entera sintió su pérdida. Pero a medida que pasaba el tiempo, la cólera dio paso a la apatía y la gente se conformó con el hecho de que sus hijos no tuvieran una escuela adonde ir.

—¿Qué fue de Malika?

—Ella era diferente, una optimista a ultranza. Supo ver una oportunidad en lo que había sucedido. Malika explicó a los padres que todo revés aporta un beneficio igual si uno sabe buscarlo. El incendio ocultaba un regalo. La escuela que había perecido era vieja y decrépita. El techo tenía goteras y el piso se había pandeado bajo los millares de pies que habían pasado por allí. Ahora tenían la ocasión que habían estado esperando para sumar sus fuerzas y construir una escuela mucho mejor, una escuela que sirviera a muchos otros niños en el futuro. Y así, impulsados por aquella mujer de sesenta y cuatro años, aunaron sus recursos colectivos y reunieron fondos para edificar una nueva escuela, como ejemplo palpable del poder de la gente frente a la adversidad.

—Entonces es como el viejo adagio, aquel que dice lo de la copa medio llena en vez de medio vacía.

—Es una buena manera de verlo. No importa lo que te ocurra en la vida, porque tienes la capacidad de elegir tu reacción. Cuando consigas arraigar el hábito de buscar lo positivo en cada circunstancia, tu vida pasará a sus dimensiones superiores. Es una de las más importantes leyes naturales.

—¿Y todo empieza sabiendo utilizar tu mente con eficacia?

—Exacto, John. Todo éxito, ya sea material o espiritual, empieza en esa masa de cinco kilos que tenemos sobre los hombros. O, más concretamente, en los pensamientos que cada uno introduce en su mente cada segundo de cada minuto de cada día de la vida. El mundo exterior refleja el estado del mundo interior. Controlando los pensamientos y la manera de reaccionar a los acontecimientos de la vida, uno empieza a controlar su destino.

—Lo que dices tiene sentido, Julián. Supongo que mi vida se ha vuelto tan ajetreada que nunca tengo tiempo de pensar en estas cosas. Cuando estaba en la facultad, mi mejor amigo, Alex, solía leer libros de autoayuda. Decía que le motivaban y que le daban energía para afrontar nuestro agobiante trabajo. Me contó que uno de esos libros explicaba que el carácter chino para expresar el concepto «crisis» se comprende de dos subcaracteres: uno significa «peligro» y el otro «oportunidad». Creo que hasta los chinos de antaño sabían que toda circunstancia amarga tiene su lado positivo, siempre que uno tenga el valor de buscarlo.

—El yogui Raman lo explicaba en estos términos: «No hay errores en la vida, sólo lecciones. No existe una experiencia negativa, sino sólo oportunidades que hay que aprovechar para avanzar por el camino del autodominio. De la lucha surge la fuerza. Incluso el dolor puede ser muy buen maestro.»

—¿El dolor? —objeté.

—Desde luego. Para superar el dolor, primero hay que experimentarlo. Dicho de otro modo, no puedes saber lo que se siente en la cumbre de la montaña si antes no has visitado el más hondo de los valles. ¿Entiendes?

—¿Para degustar el bien primero hay que conocer el mal?

—Sí. Pero te sugiero que no juzgues los hechos como positivos o negativos. Limítate a experimentarlos, festejarlos y aprender de ellos. En todo hay una lección que aprender. Estas pequeñas lecciones estimulan tu mundo interior y exterior. Sin ellas no podrías avanzar. Aplícalo a tu vida actual. La mayoría de la gente ha sacado lo mejor de sí misma a través de las experiencias más sugestivas y difíciles. Si te encuentras con un resultado que no esperabas y te sientes decepcionado, recuerda que las leyes de la naturaleza especifican que cuando una puerta se cierra otra se abre.

Julián empezó a levantar los brazos con el entusiasmo de un pastor protestante arengando a su congregación.

—Cuando hayas aplicado este principio a tu vida diaria y empieces a acondicionar tu mente para traducir cada acontecimiento en uno positivo, podrás desterrar para siempre las preocupaciones. Te convertirás en el arquitecto de tu propio futuro.

—Comprendo la idea. Cada experiencia, incluso la peor, me brinda una lección. Por consiguiente, debo abrir mi mente para aprender de cada experiencia. Así seré cada vez más fuerte y más feliz. ¿Qué más puede hacer un humilde abogado de clase media para mejorar las cosas?

—En primer lugar, empieza a vivir de tu imaginación, no de tus recuerdos. —Para liberar todo el potencial de tu mente, tu cuerpo y tu alma, primero debes expandir tu imaginación. Verás, las cosas son creadas dos veces: primero en el taller de la mente y después en la realidad. Yo llamo a este proceso el «cianotipo» porque todo lo que creas en tu mundo exterior empieza como una simple cianocopia en tu mundo interior, en la exuberante pantalla de tu mente. Cuando aprendas a controlar tus pensamientos y sepas imaginar gráficamente todo lo que deseas de esta vida terrenal en un estado de absoluta expectativa, las fuerzas dormidas empezarán a despertar en ti. Lo primero que harás será abrir el potencial de tu mente para crear la vida mágica que yo creo que mereces. De hoy en adelante, olvida el pasado. Atrévete a soñar que eres más que la suma de tus actuales circunstancias. Excepto de las mejores. Te sorprenderán los resultados.

»Sabes, John, en mi larga etapa como abogado yo pensaba que sabía muchas cosas. Pasé años estudiando en las mejores universidades, leyendo todos los libros de leyes que caían en mis manos y trabajando con los mejores modelos a imitar. Por supuesto, fui un ganador en ese juego. Sin embargo, ahora me doy cuenta de que en el juego de la vida iba perdiendo. Estaba tan ocupado persiguiendo los grandes placeres terrenales que pasé por alto los pequeños. Nunca leí los grandes libros que mi padre me sugería. No he conseguido tener grandes amigos. No he sabido apreciar la buena música. Aparte de esto, debo decir que me considero entre los afortunados. Mi ataque fue mi momento decisivo, mi despertar personal, si lo quieres así. Lo creas o no, John, aquello me dio una segunda oportunidad de vivir una vida más inspirada y plena. Como Malika Chand, vi las semillas de la oportunidad en mi dolorosa experiencia. Y tuve el valor de alimentarlas.

Vi que Julián no sólo era joven por fuera, por dentro era mucho más sabio. Aquello era algo más que una fascinante conversación con un viejo amigo. Me di cuenta de que hoy podía ser mi momento decisivo, una clara oportunidad para empezar otra vez. Mi mente empezó a reflexionar sobre todo lo que estaba mal en mi vida. Por supuesto, tenía una gran familia y un trabajo estable como abogado bien considerado. Pero había momentos en que sabía que debía haber algo más. Tenía que llenar ese vacío que empezaba a inundar mi existencia.

De muchacho yo tenía sueños importantes. Solía imaginarme como un héroe del deporte o un magnate de los negocios. Creía realmente que podía llegar a ser lo que yo quisiera. Recordé también cómo me sentía de joven creciendo al sol de la costa Oeste. Lo pasaba muy bien con placeres sencillos, como bañarme desnudo o montar en bicicleta por el bosque. Sentía una gran curiosidad. Era un aventurero. No había límites respecto a lo que el futuro podía depararme. Creo que no he vuelto a sentir esa alegría ni esa libertad en más de quince años. ¿Qué fue lo que pasó?

Tal vez perdí de vista mis sueños cuando me hice adulto y me resigné a actuar como se supone que han de hacerlo los adultos. Tal vez los perdí de vista cuando entré en la facultad y empecé a hablar como se supone que han de hacerlo los abogados. En cualquier caso, aquella noche con Julián me decidí a no pasar más tiempo ganándome la vida y a invertir mucho más tiempo en *crear* una vida.

—Parece que te he hecho pensar en tu propia vida —comentó Julián—. Piensa en tus sueños, en cómo eras de pequeño. Jonas Salk lo dijo mejor cuando escribió: «He tenido sueños y he tenido pesadillas. Superé mis pesadillas gracias a mis sueños.» Atrévete a desempolvar tus sueños, John. Empieza a amar otra vez la vida y a gozar de sus maravillas. Despierta al poder que tu propia mente tiene para hacer que las cosas sean como quieres. Todo el universo cooperará contigo para que esa vida sea mágica.

Metió la mano en su túnica y extrajo una cartulina del tamaño de una tarjeta de visita, con los cantos rasgados, al parecer debido al uso.

—Un día, mientras el yogui Raman y yo caminábamos por un tranquilo sendero de montaña, le pregunté quién era su filósofo favorito. Me dijo que había tenido muchas influencias en su vida y que le resultaba difícil destacar una como su fuente de inspiración. Había una cita, no obstante, que siempre llevaba en su corazón, una cita que integraba todos los valores que más apreciaba tras una vida dedicada a la contemplación. Y en aquel lugar bellísimo, un lugar perdido en las montañas, aquel sabio de Oriente la compartió conmigo. Yo también grabé sus palabras en mi corazón. Me sirven para recordar cada día aquello que somos y aquello que podemos ser. Eran palabras del gran filósofo indio Patanjali. Repetirlas en voz alta cada mañana antes de sentarme a meditar ha influido poderosamente en mí. Recuerda, John, que las palabras son la encarnación verbal del poder.

Julián me enseñó la tarjeta. La cita del filósofo decía así:

> Cuando te inspira un objetivo importante, un proyecto extraordinario, todos tus pensamientos rompen sus ataduras: tu mente supera los límites, tu conciencia se expande en todas direcciones y tú te ves en un mundo nuevo y maravilloso. Las fuerzas, facultades y talentos ocultos cobran vida, y descubres que eres una persona mejor de lo que habías soñado ser.

Fue en ese instante cuando vi la conexión entre vitalidad física y agilidad mental. Julián gozaba de una salud perfecta y se veía mucho más joven que cuando nos conocimos. Estaba lleno de dinamismo, y su vigor, entusiasmo y optimismo parecían ilimitados. Había cambiado muchas cosas en su estilo de vida, pero era obvio que el punto de partida de su transformación no era otro que su buena salud mental. El éxito por fuera comienza sin duda con el éxito por dentro: cambiando su manera de pensar, Julián Mantle había cambiado su vida.

—¿Y cómo puedo yo desarrollar esta actitud positiva, serena e inspirada, Julián? Después de tantos años de rutina, mis músculos mentales han perdido elasticidad. Si lo pienso bien, tengo muy poco control sobre los pensamientos que flotan en el jardín de mi mente —dije con sinceridad.

—La mente es un magnífico criado pero un amo terrible. Si piensas sólo cosas negativas, es porque no has cuidado tu mente y no has dedicado el tiempo necesario para entrenarla a pensar en lo bueno. Winston Churchill dijo que «el precio de la grandeza es la responsabilidad sobre cada uno de tus pensamientos». A partir de ahí podrás conseguir esa disposición mental que persigues. Recuerda, John, la mente es como cualquier otro músculo de tu cuerpo. Si no lo usas, se atrofia.

—¿Quieres decir que si no la ejercito mi mente acabará debilitándose?

—Sí. Míralo de esta manera. Si quieres fortalecer los músculos del brazo, debes ejercitarlos. Si quieres endurecer los de tus piernas, primero debes entrenarlos. De la misma manera, tu mente podrá hacer cosas maravillosas si le facilitas las cosas. Debes aprender a hacerla funcionar de manera efectiva. La salud ideal llegará si sabes cuidar de tu mente. Y el estado natural de tranquilidad y serenidad llegará por sí solo... si tienes la capacidad de reclamarlo. Los Sabios de Sivana tienen un dicho: «Las fronteras de la vida son sólo creaciones del yo.»

—No sé si entiendo esto último, Julián.

—Los pensadores más ilustres saben que sus pensamientos conforman su mundo y que la calidad de la vida se reduce a la riqueza de los pensamientos. Si quieres vivir una vida más serena y con más significado, debes producir pensamientos más serenos y con más significado.

—Una receta rápida, por favor, Julián.

—¿A qué te refieres? —preguntó él, pasando sus dedos bronceados por la túnica de brillante textura.

—Lo que me dices me entusiasma, pero yo soy un tipo impaciente. ¿No hay alguna técnica que pueda utilizar ahora mismo, en mi propia sala de estar, para cambiar mi funcionamiento mental?

—Las recetas rápidas no funcionan. Todo cambio duradero requiere tiempo y esfuerzo. La perseverancia es la madre del cambio personal. Eso no quiere decir que necesites años para producir cambios profundos en tu vida. Si aplicas diariamente y con diligencia estas estrategias durante un mes, los resultados te sorprenderán. Empezarás a aprovechar los niveles más altos de tu propia capacidad y a entrar en el reino de lo milagroso. Pero para llegar hasta ahí no tienes que obsesionarte por los resultados. Disfruta del proceso del crecimiento personal. Parece irónico, pero cuanto menos pienses en el resultado final, más rápido se producirá éste.

—Explícate.

—Es como la clásica historia del chico que se fue de su casa para estudiar con un reputado maestro. Cuando conoció al viejo sabio, le preguntó: «¿Cuánto tardaré en ser tan sabio como tú?» La respuesta no se hizo esperar: «Cinco años.» «Eso es mucho tiempo», replicó el muchacho. «¿Y si trabajo el doble?» «Entonces tardarás diez», contestó el maestro, a lo que el muchacho protestó: «Eso es demasiado tiempo. ¿Y si estudio también por las noches?» «Quince años», dijo el sabio. «No lo comprendo», replicó el chico. «Cada vez que prometo dedicar más energías, tú me dices que tardaré más en lograr mi objetivo. ¿Por qué?» «La respuesta es muy sencilla. Si tienes un ojo puesto en el destino que esperas alcanzar, sólo te queda otro para que te guíe en el viaje.»

—Muy agudo, señor abogado —concedí—. Parece la historia de mi vida.

—Ten paciencia y vive en la conciencia de que todo lo que buscas llegará tarde o temprano si te preparas debidamente.

—Mira, Julián, yo nunca he sido un tipo con suerte. Siempre he tenido que echar mano de la pura y dura insistencia.

—¿Qué es la suerte, John? —replicó él afablemente—. Nada más que la suma de preparación y oportunidad. —Y agregó en voz baja—: Antes de darte los métodos que me enseñaron los Sabios de Sivana, debo hacerte partícipe de un par de principios básicos. Primero, recuerda que la concentración es la base del dominio de la mente.

—¿En serio?

—A mí también me sorprendió, pero es verdad. La mente puede hacer cosas extraordinarias, eso ya lo sabes. El hecho de que tengas un deseo o un sueño significa que posees la capacidad de llevarlo a cabo. Ésta es una de las grandes verdades universales que los Sabios de Sivana conocen bien. Pero a fin de liberar el poder de la mente, primero tienes que ser capaz de domarla y hacer que se concentre en la tarea que tienes entre manos. En cuanto dirijas el foco de tu mente hacia un solo propósito, tu vida se iluminará con regalos extraordinarios.

—¿Por qué es tan importante tener una mente centrada?

—Te pondré un acertijo que responderá muy bien a tu pregunta. Imagina que te has perdido en el bosque. Es invierno y necesitas desesperadamente conservar el calor. Lo único que llevas en la mochila es una carta de tu mejor amigo, una lata de atún y una pequeña lupa que llevas siempre encima para compensar tu progresiva pérdida de visión. Por fortuna, has conseguido encontrar un poco de leña seca, pero no tienes cerillas. ¿Cómo encenderías el fuego?

Julián me había dejado perplejo. No se me ocurría ninguna respuesta.

—Me rindo.

—Es muy fácil. Pones la carta entre la leña seca y sostienes encima la lupa. Los rayos del sol se concentran de modo que en un par de segundos ya tienes llama.

—¿Y la lata de atún?

—Bueno, eso lo he añadido para despistarte —replicó Julián con una sonrisa—. Pero lo esencial es esto: poner la carta encima de la leña no daría ningún resultado. Pero en cuanto empleas la lupa para concentrar los rayos del sol sobre el papel, éste prende al momento. La analogía puede aplicarse a la mente. Cuando concentres tu poder en objetivos definidos y válidos, prenderás rápidamente las llamas de tu potencialidad para producir resultados sorprendentes.

—¿Por ejemplo? —pregunté.

—Eso sólo puedes contestarlo tú. ¿Qué es exactamente lo que buscas? ¿Quieres ser un padre mejor o vivir una vida más equilibrada y gratificante? ¿Deseas mayores satisfacciones espirituales? ¿Sientes que lo que te falta es aventura y diversión? Piensa un poco.

—¿Qué tal la felicidad eterna?

—Vaya —rió Julián—, no hay nada como empezar con poco. Bien, eso también lo tendrás.

—¿Cómo?

—Los Sabios de Sivana conocen el secreto de la felicidad desde hace cinco mil años. Por fortuna, se dignaron compartirlo conmigo. ¿Quieres que te lo cuente?

—No; creo que primero iré a empapelar de nuevo el garaje.

—¿Qué?

—Pues claro que quiero saber el secreto de la felicidad eterna, Julián. ¿No es eso lo que todo el mundo busca en el fondo?

—Cierto. Pues ahí va... ¿puedo pedirte otra taza de té?

—Vamos, déjate de evasivas.

—De acuerdo. El secreto de la felicidad es simple: averigua qué es lo que te gusta hacer y dirige todas tus energías en esa dirección. Si analizas a las personas más felices, saludables y satisfechas de tu mundo, verás que todas han encontrado cuál era su pasión y luego se han dedicado a perseguirla. Esta vocación suele ser casi siempre la de servir a los demás. En cuanto concentres tu poder mental en conseguir lo que amas, la abundancia inundará tu vida y todos tus deseos serán satisfechos sin esfuerzo.

—O sea que se trata de averiguar lo que te gusta y luego hacerlo. ¿Es eso?

—Si merece la pena —replicó Julián.

—¿Cómo defines lo que merece la pena?

—Ya he dicho, John, que tu pasión debe mejorar la vida de los demás o servirla de alguna manera. Victor Frankl lo dijo mucho mejor que yo cuando escribió: «El éxito, como la felicidad, no debe perseguirse, sino seguirse. Y eso sólo es posible como efecto secundario de la dedicación personal a una causa mayor que uno mismo.» Primero descubre cuál es la misión de tu vida, así despertarás cada mañana con una reserva ilimitada de energía y entusiasmo. Todos tus pensamientos estarán concentrados en tu objetivo. No tendrás tiempo para perder el tiempo. El poder de la mente, por tanto, no se malgastará en pensamientos insignificantes. Automáticamente, borrarás el hábito de preocuparte y te volverás mucho más eficaz y productivo. Aún más, tendrás un profundo sentido de la armonía interna, como si algo te guiara para realizar tu misión en la vida. Es una sensación maravillosa. A mí me encanta.

—Fascinante. Me gusta eso de despertar sintiéndome bien. Para serte franco, Julián, yo casi siempre me quedaría en la cama. Sería mejor que meterse en el tráfico, tratar con clientes enfadados o agresivos, enfrentarse a tantas influencias negativas. Eso me produce un enorme cansancio.

—¿Sabes por qué la gente suele dormir tanto?

—¿Por qué?

—Pues porque no tienen nada mejor que hacer. Los que se levantan con el sol tienen una cosa en común.

—¿La locura?

—Muy gracioso. No; todos tienen un objetivo que aviva las llamas de su potencial interior. Sus prioridades los impulsan, pero no de un modo obsesivo ni enfermizo. Y dado su entusiasmo y su amor por cuanto hacen en la vida, esa gente sabe vivir el presente. Su atención está centrada en la tarea que se han marcado. De ese modo no hay fugas de energía. Esas personas son los individuos más vitales que hayas tenido la suerte de conocer.

—¿Fugas de energía? Me suena un poco a New Age, Julián. Seguro que eso no lo has aprendido en Harvard.

—Es cierto. Ese concepto me viene de los Sabios de Sivana. Aunque tiene siglos de antigüedad, su aplicación es tan interesante hoy como lo fue cuando se inventó. A muchos de nosotros nos consume una innecesaria e interminable preocupación por todo, lo cual nos priva de la vitalidad natural. ¿Alguna vez has visto una rueda de bicicleta?

—Pues claro.

—Cuando está hinchada del todo, esa rueda puede llevarte sin problemas a tu destino. Pero si hay alguna fuga de aire, el neumático acaba desinflándose y tu viaje termina bruscamente. Así funciona también la mente. Las preocupaciones hacen que tu preciosa energía mental tenga fugas, igual que el aire al escaparse de un neumático. Al final te quedas sin energía. Toda tu creatividad, tu optimismo y tu motivación han desaparecido, dejándote exhausto.

—Sé de qué hablas. Paso muchos días sumido en el caos de la crisis. He de estar en todas partes al mismo tiempo y parece que no puedo complacer a todo el mundo. Cuando eso pasa, noto que aunque he hecho muy poco trabajo físico, al final del día las preocupaciones me han dejado sin fuerzas. La única cosa que soy capaz de hacer cuando llego a casa es servirme un whisky y juguetear con el mando a distancia.

—Exacto. Eso es por el exceso de estrés. Pero cuando encuentras tu verdadero objetivo, la vida se vuelve más fácil y gratificante. Cuando averigües cuál es realmente tu destino, ya no tendrás que trabajar ni un solo día más.

—¿Jubilación anticipada?

—No —dijo Julián con el tono frívolo de quien había llegado a ser un maestro en sus días de abogado eminente—. Tu trabajo será como un juego.

—¿No crees que sería arriesgado que renunciara a mi empleo para ponerme a buscar mi pasión en la vida? Quiero decir, tengo familia y unas obligaciones reales. Cuatro personas dependen de mí.

—No estoy diciendo que hayas de abandonar la profesión mañana mismo. Pero sí que debes empezar a correr riesgos. Dale un meneo a tu vida. Deshazte de las telarañas. Toma el camino menos trillado. En su mayoría, la gente vive dentro de los confines de su zona de confort. El yogui Raman fue el primero en explicarme que lo mejor que uno puede hacer por sí mismo es traspasar las fronteras regularmente. Es el camino para el dominio personal y para asimilar el verdadero potencial de tus dones humanos.

—¿Que podrían ser...?

—Tu mente, tu cuerpo y tu alma.

—¿Y qué riesgos debería correr?

—Deja de ser tan pragmático. Empieza por las cosas que siempre has querido hacer. He conocido abogados que dejaron su trabajo para ser actores, y contables que se han convertido en músicos de jazz. Al intentarlo, han descubierto la felicidad que los eludía. ¿Qué más da si no pueden permitirse hacer dos vacaciones al año o tener una estupenda casa en las islas Caimán? Correr riesgos calculados siempre da buenos beneficios.

—Entiendo.

—Tómate tiempo para reflexionar. Descubre tu verdadera razón de vivir y luego ten el valor necesario para afrontarla.

—Yo no hago más que pensar. Para ser sincero, parte de mi problema es que pienso demasiado. Mi mente no descansa nunca. A veces me vuelve loco.

—Lo que yo sugiero es diferente. Los Sabios de Sivana siempre se tomaban un tiempo para meditar en silencio sobre dónde estaban, pero también sobre adónde iban. Dedicaban tiempo a reflexionar sobre su misión en la vida y su manera de vivirla. Es más, pensaban profundamente sobre cómo mejorar día a día. Las mejoras diarias producen resultados duraderos que, a su vez, conducen a cambios positivos.

—Entonces ¿debo reflexionar sobre mi vida con regularidad?

—Sí. Incluso diez minutos de reflexión diaria pueden tener un profundo impacto sobre la calidad de tu vida.

—Comprendo. El problema es que, cuando el día se me pone cuesta arriba, ni siquiera encuentro diez minutos para comer.

—Amigo mío, decir que no tienes tiempo para mejorar tus pensamientos es como decir que no tienes tiempo para echar gasolina porque estás demasiado ocupado conduciendo.

—Sí. Oye, decías que ibas a enseñarme algunas técnicas —observé, esperando conocer alguna manera práctica de aplicar los conocimientos de Julián.

—Hay una técnica para dominar la mente que supera a todas las demás. Los Sabios de Sivana la compartieron conmigo con gran fe y confianza. Después de practicarla durante veintiún días, me sentí más enérgico, entusiasta y dinámico de lo que me había sentido en muchos años. Es una técnica que tiene más de cuatro mil años. Se llama el Corazón de la Rosa.

—Sigue.

—Lo único que se requiere para este ejercicio es una rosa fresca y un lugar silencioso. Los entornos naturales son lo mejor, pero una habitación tranquila también sirve. Empieza mirando al centro de la rosa, a su corazón. El yogui Raman me dijo que una rosa es muy parecida a la vida: encontrarás espinas por el camino, pero si tienes fe y crees en tus sueños acabarás cruzando las espinas para llegar al corazón de la flor. Sigue mirando la rosa. Fíjate en su color, textura y diseño. Saborea su fragancia y piensa únicamente en el objeto que tienes ante ti. Al principio notarás que otros pensamientos te distraen. Es el síntoma de una mente mal entrenada. Pero no te apures, porque la cosa mejorará enseguida. Vuelve tu atención al objeto en que estás fijándote; tu mente no tardará en volverse fuerte y disciplinada.

—¿Eso es todo? Parece fácil, la verdad.

—Ahí está lo bueno, John —replicó Julián—. Sin embargo, para que sea efectivo este ritual debe realizarse a diario. En los primeros días te resultará difícil emplear siquiera cinco minutos en este ejercicio. La mayoría de nosotros vive a un ritmo tan frenético que la quietud y el silencio nos resultan extraños e incómodos. La mayoría de la gente diría que no tiene tiempo de sentarse a mirar una flor. Son las mismas personas que dicen no tener tiempo para disfrutar la risa de los hijos o andar descalzos bajo la lluvia. Dicen que están demasiado ocupados para hacer cosas semejantes. Ni siquiera tienen tiempo para hacer amigos, pues eso también lleva su tiempo.

—Sabes mucho de esa clase de personas.

—Yo era así —dijo Julián. Hizo una pausa y se quedó quieto, con su intensa mirada clavada en el reloj de caja que mi abuela nos había regalado a Jenny y a mí cuando inauguramos nuestra casa—. Cuando pienso en los que viven esa clase de vida, me acuerdo de las palabras de un viejo novelista británico favorito de mi padre: «No hay que dejar que el reloj y el calendario nos impidan ver que cada momento de la vida es un milagro... y un misterio.»

»Persiste y emplea cada vez más tiempo en la contemplación del corazón de la rosa —continuó Julián con su voz gutural—. Antes de dos semanas deberías ser capaz de practicar el ejercicio durante veinte minutos sin que tu mente se distraiga en otras cosas. Éste será el primer indicio de que estás recuperando el control de la fortaleza de tu mente. De ese modo se concentrará única y exclusivamente en lo que tú le ordenes. Será un maravilloso sirviente, capaz de hacer por ti cosas extraordinarias. Recuerda que o tú controlas tu mente o ella te controla a ti.

»En la práctica, te sentirás mucho más sereno. Habrás dado un importante paso para borrar el hábito de preocuparse que atormenta a tantísima gente, tu energía y tu optimismo crecerán. Más aún, observarás en tu vida una sensación de júbilo además de la capacidad de apreciar las cosas que te rodean. Cada día, no importa lo ocupado que estés ni las responsabilidades que hayas de afrontar, vuelve al Corazón de la Rosa. Es tu oasis, tu retiro de silencio, tu isla de paz. No olvides nunca que en el silencio y la quietud hay poder. La quietud es el escalón para enlazar con la fuente universal de inteligencia que late en todo ser vivo.

Todo aquello me fascinó. ¿Sería realmente posible mejorar la calidad de mi vida mediante tan simple estrategia?

—Supongo que hay algo más que el Corazón de la Rosa detrás de los cambios que observo en ti —repuse.

—Sí. Tienes razón. De hecho, mi transformación se produjo como resultado de utilizar diversas estrategias altamente efectivas. Son todas tan sencillas como el ejercicio que acabo de explicarte. La clave, John, está en que abras tu mente a la posibilidad real de vivir una vida plena.

Julián, convertido en mina de sabiduría, siguió revelándome lo que había aprendido en Sivana.

—Otra técnica especialmente útil para librar a la mente de las preocupaciones y demás influencias negativas se basa en lo que el yogui Raman llamó Pensamiento Opuesto. Según las grandes leyes de la naturaleza, la mente sólo puede pensar una cosa cada vez. Pruébalo tú mismo, John, verás que es cierto.

Lo probé, y es verdad.

—Con esta información cualquiera puede crear una disposición positiva y creativa en poco tiempo. El proceso es muy simple: cuando un pensamiento indeseable ocupe el punto focal de tu mente, sustitúyelo de inmediato por un pensamiento ejemplar. Es como si tu mente fuera un enorme proyector de diapositivas, y cada pensamiento una transparencia. Cuando en la pantalla aparezca una transparencia negativa, sustitúyela por una positiva.

»Ahí es donde entra en juego mi collar de cuentas —añadió Julián con creciente entusiasmo—. Cada vez que tengo un pensamiento negativo, me quito este collar y arranco una cuenta. Las cuentas de la preocupación van a un bote que llevo en la mochila. Ambas cosas me sirven para recordar que aún he de recorrer cierta distancia para llegar al dominio mental y que soy responsable de los pensamientos que llenan mi mente.

—¡Me gusta! Esto sí que es práctico. Nunca había oído nada igual. Dime más cosas sobre la filosofía del Pensamiento Opuesto.

—Te pondré un ejemplo real. Supongamos que has tenido un día horrible en el tribunal. El juez no coincide con tu interpretación de la ley y tu cliente está más que enfadado con tu actuación. Llegas a casa y te derrumbas en un sillón, de muy mal humor. El primer paso es darse cuenta de que tienes esos pensamientos pesimistas. El autoconocimiento es el primer paso hacia el autodominio. El segundo paso consiste en comprender que con la misma facilidad que has dejado entrar en tu mente esos pensamientos pesimistas, puedes reemplazarlos por pensamientos alegres. Piensa en lo contrario. Concéntrate en ser alegre y activo. Siente que eres feliz. Puede que incluso empieces a sonreír. Mueve tu cuerpo como cuando estás contento y entusiasmado. Siéntate erguido, respira profundamente y dirige el poder de tu mente hacia pensamientos positivos. En cuestión de minutos notarás una clara diferencia en tu estado de ánimo. Es más, si sigues practicando el Pensamiento Opuesto y lo aplicas a cada pensamiento negativo que acuda a tu mente, dentro de unas semanas verás que ya no tienen ningún poder sobre ella.

Julián prosiguió su explicación.

—Los pensamientos son cosas vivas, núcleos de energía, si lo prefieres. La mayoría de la gente no se para a pensar en la naturaleza de sus pensamientos y, sin embargo, la calidad de lo que piensas determina la calidad de tu vida. Los pensamientos forman parte del mundo material lo mismo que el lago al que vas a nadar o la calle por la que caminas. Las mentes débiles originan actos débiles. Una mente fuerte, disciplinada, que cualquiera puede conseguir mediante la práctica diaria, puede obrar milagros. Si quieres vivir la vida al máximo, cuida de tus pensamientos como cuidarías tus más preciadas posesiones. Esfuérzate por eliminar toda turbulencia interna. Las recompensas serán abundantes.

—Nunca he considerado los pensamientos como algo vivo, Julián —dije—. Pero sí veo cómo influyen en todos los elementos de mi mundo.

—Los Sabios de Sivana creían firmemente que uno debería pensar sólo pensamientos puros o *sattvic*. Llegaron a ese estado mediante las técnicas que acabo de explicar, además de otras prácticas tales como seguir una dieta natural, repetir afirmaciones positivas o «mantras», leer libros ricos en sabiduría y asegurarse siempre de estar en compañía de personas esclarecidas. Si un solo pensamiento impuro entraba en el templo de sus mentes, se castigaban a sí mismos recorriendo muchos kilómetros hasta una imponente cascada y poniéndose bajo el chorro de agua helada hasta que no podían aguantar más.

—Pensaba que habías dicho que eran sabios. Ponerse bajo una cascada de agua helada sólo por haber tenido un pequeño pensamiento negativo me parece una conducta extravagante.

Julián tenía la respuesta a flor de labios.

—John, te seré franco: no puedes permitirte el lujo de un solo pensamiento negativo.

—¿En serio?

—En serio. Una idea preocupante es como un embrión: primero es pequeña pero luego crece y crece, hasta que asume una vida propia. —Hizo una pausa y luego sonrió—: Perdona si te parezco un poco evangelista sobre este particular, sobre la filosofía que aprendí en mi viaje. He descubierto unas herramientas que pueden mejorar la vida de muchas personas, de gente que se siente insatisfecha, infeliz y no realizada. Unos cuantos ajustes en su vida diaria para incluir la técnica del Corazón de la Rosa y una aplicación constante del Pensamiento Opuesto pueden ayudarles a conseguir la vida que desean. Yo creo que merecen saber esto.

»Antes de pasar al siguiente elemento de la fábula del yogui Raman, debo hablarte de otro secreto que te será de gran ayuda en tu crecimiento personal. Este secreto se basa en el antiguo principio de que todo es creado dos veces, primero en la mente y luego en la realidad. Ya he dicho que los pensamientos son cosas, mensajeros materiales que enviamos para que influyan en nuestro mundo físico. También he explicado que si esperas hacer mejoras notables en tu mundo exterior debes primero empezar por dentro y modificar el calibre de tus pensamientos.

»Los Sabios de Sivana tenían una manera de asegurarse que sus pensamientos fuesen puros e íntegros. Esta técnica servía también para manifestar sus deseos, aun los más simples, en el plano de la realidad. El método es válido para todo el mundo, tanto si eres un abogado joven que buscas la abundancia de riqueza, como si eres una madre que busca una vida familiar más plena o un vendedor que quiere aumentar sus ventas. Los sabios conocían esa técnica bajo el nombre del Secreto del Lago. Para aplicarla, se levantaban a las cuatro de la mañana, ya que según ellos la madrugada poseía cualidades mágicas de las que podían beneficiarse. Los sabios recorrían entonces una serie de escarpados y angostos senderos de montaña que al final los conducían a los confines inferiores de la región donde habitaban. Una vez allí, caminaban por un sendero apenas visible flanqueado de pinos majestuosos y flores exóticas hasta que llegaban a un claro. Al borde del mismo había un lago de aguas cristalinas cubierto de millares de diminutos lotos blancos. El agua del lago estaba sorprendentemente quieta. Era un espectáculo milagroso. Los sabios me dijeron que este lago había sido amigo de sus antepasados a lo largo de muchos siglos.

—¿Cuál era el Secreto del Lago? —pregunté impaciente.

Julián explicó que los sabios observaban las aguas del lago e imaginaban sus sueños convertidos en realidad. Si era la virtud de la disciplina lo que deseaban cultivar interiormente, se imaginaban a sí mismos levantándose con el alba, realizando su riguroso régimen físico y pasando días enteros en silencio para robustecer su fuerza de voluntad. Si lo que buscaban era más alegría, miraban el lago y se imaginaban riendo o sonriendo cada vez que encontraban a un hermano o hermana. Si deseaban coraje, se imaginaban actuando con determinación en un momento de crisis.

—El yogui Raman me dijo que de pequeño le faltaba confianza pues era más menudo que los otros chicos de su edad. Aunque éstos eran amables con él, Raman se iba volviendo inseguro y tímido. Para curar su debilidad, el yogui Raman viajó a aquel lugar celestial y utilizó el lago como pantalla para ver imágenes de la persona que él deseaba ser. A veces se representaba a sí mismo como un líder, alto y dotado de una voz potente y autoritaria. Otros días se veía a sí mismo como deseaba ser cuando fuera mayor: un sabio imbuido de una tremenda fuerza interior. Todas las virtudes que deseaba tener en la vida, las vio primero en la superficie del lago.

»Al cabo de unos meses, el yogui Raman se convirtió en la

EL MONJE QUE VENDIÓ SU FERRARI

persona que mentalmente había deseado ser. La mente trabaja con imágenes. Las imágenes afectan a la imagen del yo y ésta afecta al modo en que uno siente y actúa. Si la imagen del yo te dice que eres demasiado joven para ser un gran abogado o demasiado viejo para cambiar tus hábitos, jamás lograrás estos objetivos. Si la imagen del yo te dice que la vida llena de objetivos, excelente salud y felicidad es sólo para gente de procedencia distinta a la tuya, esta profecía acabará por convertirse en una realidad.

»Pero cuando pasas imágenes inspiradoras e imaginativas por la pantalla de cine de tu mente, cosas maravillosas empiezan a ocurrir en tu vida. Einstein dijo que "la imaginación es más importante que el saber". Debes emplear un rato cada día, aunque sean sólo unos minutos, para practicar la visión creativa. Imagínate cómo te gustaría ser, ya sea un gran juez, un gran padre o un gran ciudadano de tu comunidad.

—¿He de buscar un lago especial para aplicar el secreto? —pregunté ingenuamente.

—No. El Secreto del Lago no es más que el nombre que los sabios daban a la técnica antiquísima de emplear imágenes positivas para influir en la mente. Puedes practicar el método en tu propia casa, o incluso en tu oficina. Cierra la puerta, suspende todas las llamadas y cierra los ojos. Después respira varias veces profundamente. Notarás que pasados dos o tres minutos empiezas a sentirte más relajado. Luego, visualiza imágenes mentales de todo lo que quieres ser, tener y alcanzar en la vida. Si quieres ser el mejor padre del mundo, imagínate riendo y jugando con tus hijos, respondiendo a sus preguntas con el corazón abierto. Imagínate a ti mismo actuando con cariño ante una situación tensa. Ensaya mentalmente el modo en que gobernarás tus actos cuando en la realidad se dé una escena similar.

84

»La magia de la visualización puede ser aplicada a muchas situaciones. Puedes usarla para ser más eficaz en el tribunal, para reforzar tus relaciones y desarrollarte espiritualmente. Un uso continuado de este método te reportará también recompensas económicas, si es que eso te importa. Comprende de una vez por todas que tu mente tiene el poder magnético de atraer hacia tu vida todo aquello que deseas conseguir. Si existe alguna merma en tu vida es porque hay una merma en tus pensamientos. Pon imágenes maravillosas en los ojos de tu mente. Una sola imagen negativa puede envenenar tu actitud mental. En cuanto empieces a experimentar la alegría que aporta esta técnica antiquísima, comprenderás el enorme potencial de tu mente y empezarás a liberar tus provisiones de energía y capacidad que ahora están dormidas en tu interior.

Fue como si Julián me estuviera hablando en otro idioma. Jamás había oído mencionar a nadie el poder magnético de la mente para obtener la abundancia material o espiritual. Como tampoco había oído a nadie hablar del poder de la visualización y de sus efectos poderosos sobre todos los aspectos de la vida. Con todo, yo tenía fe en lo que Julián me estaba diciendo. Era un hombre con una impecable capacidad intelectual, un hombre que había recorrido de vuelta el camino por el que yo empezaba a adentrarme ahora. Julián había descubierto algo en su odisea por Oriente, eso estaba claro. Contemplar su vitalidad, su palpable entereza, ver su transformación, me confirmaba que valía la pena escuchar sus consejos.

Cuanto más pensaba en lo que estaba oyendo más sentido me parecía ver en ello. Está claro que la mente tiene un potencial mucho mayor que el que la mayoría de nosotros empleamos normalmente. ¿Cómo si no podrían los expertos en artes marciales romper una pila de ladrillos con un solo golpe de la mano? ¿Cómo si no podrían los yoguis reducir los latidos de su corazón a voluntad o soportar dolores indecibles sin pestañear? Tal vez el problema estaba dentro de mí y en mi falta de fe en los dones que todo ser humano posee. Quizá aquella velada con un ex abogado millonario convertido en monje del Himalaya era una especie de despertar para que yo sacara el máximo partido a mi vida.

—Dices que haga estos ejercicios en la oficina, Julián. Mis socios me consideran ya un bicho raro.

—El yogui Raman y todos los sabios con los que él vivió solían usar un dicho que se ha ido transmitiendo de generación en generación. Para mí es un privilegio pasártelo a ti en una noche tan importante para ambos. «No hay nada noble en ser superior a otra persona. La verdadera nobleza radica en ser superior a tu antiguo yo.» Lo que significa que si quieres mejorar tu vida, debes correr tu propia carrera. No importa lo que la gente pueda decir de ti. Lo importante es lo que te digas a ti mismo. No te preocupes de las opiniones ajenas siempre y cuando sepas que estás haciendo lo correcto. Puedes hacer lo que gustes mientras a tu conciencia y a tu corazón les parezca justo. No te avergüences de hacer lo que consideras correcto; decide lo que está bien y aférrate a ello. Y, por el amor de Dios, no caigas en el hábito de medir tu propia valía en función de la valía de los demás. Como predicaba el yogui Raman: «Cada segundo que inviertes pensando en los sueños de otro, te estás apartando de los tuyos.»

Pasaba de la medianoche. Curiosamente, no me sentía nada cansado. Cuando se lo dije a Julián, él me sonrió una vez más.

—Has aprendido otro principio para vivir esclarecidamente. En general, la fatiga es una creación de la mente. La fatiga domina las vidas de quienes viven sin rumbo y sin sueños. Permíteme un ejemplo. ¿Alguna vez has pasado una tarde en tu oficina leyendo tus áridos informes y tu mente ha empezado a divagar y te ha entrado sueño?

—De vez en cuando —respondí, no queriendo revelar el hecho de que ése era mi modus operandi—. Bueno, a muchos de nosotros nos entra sueño mientras trabajamos.

—Pero si un amigo te llama por teléfono para preguntarte si quieres ir al partido de béisbol o te pide consejo sobre su forma de jugar al golf, no me cabe duda de que reaccionarías enseguida. Tu fatiga desaparecería inmediatamente. ¿Me equivoco?

—No, en absoluto.

Julián sabía que había dado en el clavo.

—Entonces, tu cansancio no era más que una creación mental, un mal hábito que tu mente ha venido cultivando a modo de muletas para cuando haces una tarea tediosa. Esta noche mi historia te ha encantado y estás ansioso por aprender lo que yo aprendí. Tu interés y tu concentración mental te dan energía. Esta noche, tu mente no ha estado en el pasado ni en el futuro. Al contrario, ha estado firmemente anclada en el presente, en nuestra conversación. Cuando aprendas a concentrar tus pensamientos en el presente, tu energía no conocerá límites, independientemente de la hora que señale el reloj.

Asentí con la cabeza. Las enseñanzas de Julián parecían obvias y, sin embargo, nada de lo que decía se me había ocurrido antes. Supongo que el sentido común no es tan común como parece. Pensé en lo que solía decir mi padre cuando yo era un muchacho: «Sólo los que buscan encuentran.» Deseé tenerlo a mi lado.

Resumen de acción del capítulo 7
La sabiduría de Julián en pocas palabras

El símbolo:

La virtud:

Dominar la mente

La enseñanza:

- Cultiva tu mente y florecerá más allá de tus expectativas
- La calidad de la vida viene determinada por la calidad de los pensamientos
- No existen los errores, sólo las lecciones. Considerar los reveses como oportunidades de expansión personal y crecimiento espiritual

Las técnicas:

- El Corazón de la Rosa
- Pensamiento Opuesto
- El Secreto del Lago

Cita valiosa:

El secreto de la felicidad es simple: averigua qué es lo que te gusta hacer y dirige todas tus energías hacia ello. Haciendo esto, la abundancia iluminará tu vida y todos tus deseos se cumplirán sin esfuerzo.

OCHO

Encender el
fuego interior

> Confía en ti mismo. Crea el tipo de vida que te gustará vi-
> vir a lo largo de tu vida. Aprovecha el máximo de ti mismo ati-
> zando las diminutas chispas interiores de posibilidad para que
> sean llamas de realización..
>
> FOSTER C. MCCLELLAN

—El día en que el yogui Raman me explicó esta pequeña fábula, allá en las cumbres del Himalaya, fue bastante similar al
de hoy en muchos aspectos —dijo Julián.

—¿De veras?

—Nos encontramos al anochecer y nos despedimos
de madrugada. Se produjo tal química entre los dos que el
aire parecía crepitar de electricidad. Como te he mencionado
antes, desde el momento en que conocí a Raman tuve la sensación de que era para mí el hermano que nunca tuve. Esta
noche, sentado aquí y disfrutando de esa mirada tuya de in-
triga, siento la misma energía y el mismo vínculo. Te diré
también que siempre pensé en ti como en un hermano pequeño. Y para serte franco, veía muchas cosas de mí mismo en ti.

—Eras un abogado increíble, Julián. Yo jamás olvidaré tu convicción.

Pero Julián no tenía el menor deseo de explorar sus gestas pasadas.

—John, quisiera seguir compartiendo contigo los elementos de la fábula del yogui Raman, pero antes debo confirmar una cosa. Has aprendido ya una serie de eficaces estrategias para el cambio personal que pueden hacer maravillas si eres perseverante en su aplicación. Esta noche voy a abrirte mi corazón y a revelarte todo cuanto sé, pues es mi deber hacerlo. Sólo quiero cerciorarme de que entiendes lo importante que es que tú pases este saber a todos aquellos que estén buscando una orientación. Vivimos en un mundo atribulado. Lo negativo lo invade todo y en nuestra sociedad muchas personas flotan como barcos sin timón, almas cansadas en busca de un faro que les impida estrellarse contra las rocas de la costa. Tú debes hacer las veces de capitán. Deposito mi confianza en ti para que lleves el mensaje de Sivana a todos aquellos que lo necesiten.

Tras reflexionar, prometí a Julián que aceptaba el encargo. Acto seguido, él siguió hablando con pasión.

—Lo hermoso de todo este ejercicio es que mientras te afanas en mejorar las vidas de otras personas, la tuya propia se eleva a las más altas dimensiones. Es una verdad basada en un viejo paradigma para la vida extraordinaria.

—Soy todo oídos.

—Básicamente, los sabios del Himalaya se guiaban por una regla muy sencilla: el que más sirve más cosecha, emocional, física, mental y espiritualmente. Éste es el camino hacia la paz interior y la realización exterior.

Leí una vez que la gente que estudia a los demás es sabia y que la que se estudia a sí misma es esclarecida. Por primera vez, quizá, estaba ante un hombre que se conocía realmente a sí mismo. Con su austero ropaje y la media sonrisa de un Buda joven en su cara saludable, Julián Mantle parecía tenerlo todo: salud perfecta, felicidad y un imperioso sentido de su papel en el calidoscopio del universo. Sin embargo, no poseía nada.

—Volvemos al faro —dijo.

—Sí, ¿cómo encaja eso en la fábula del yogui Raman?

—Intentaré explicarlo —respondió Julián, en un tono más de profesor que de monje—. Ahora ya sabes que la mente es como un fértil jardín y que, para que florezca, debes nutrirla cada día. No permitas que la mala hierba de los pensamientos y los actos impuros invada ese jardín. Monta guardia en las puertas de tu mente. Manténla en forma: si tú se lo permites, ella te dará frutos maravillosos.

»Recordarás que en mitad del jardín había un imponente faro. Este símbolo sirve como recordatorio de otro viejo principio para una vida esclarecida: el propósito de la vida es una vida con propósito. Los verdaderamente esclarecidos saben lo que quieren obtener de la vida, emocional, material, física y espiritualmente. Definir claramente tus prioridades en cada aspecto de tu vida jugará un papel similar al del faro, ofrecerte orientación y refugio cuando la mar se vuelva brava. Mira, John, cualquiera puede revolucionar su vida si primero revoluciona la dirección hacia la que se mueve. Pero si no sabes siquiera adónde vas, ¿cómo saber si has llegado?

Julián retrocedió al momento en que el yogui Raman había examinado ese principio con él. Recordaba exactamente las palabras del sabio: «La vida es extraña —decía el yogui Raman—. Cabría pensar que cuanto menos trabaja uno más posibilidades tiene de experimentar la felicidad. Sin embargo, la verdadera fuente de la felicidad puede concretarse en una palabra: *realiza-*

ción. La felicidad duradera se consigue trabajando constantemente para alcanzar tus objetivos y avanzar en la dirección que te has fijado. No hay otro secreto para atizar el fuego que tienes agazapado dentro de ti. Comprendo que puede parecer irónico que hayas viajado miles de kilómetros desde tu sociedad para hablar con un puñado de místicos recluidos en el Himalaya sólo para que te digan que otro de los secretos de la felicidad se encuentra en la realización, pero es verdad.»

—¿Monjes adictos al trabajo? —sugerí en broma.

—Todo lo contrario. Esos sabios eran tremendamente productivos, sí, pero no en el sentido frenético de la palabra. Más bien en la acepción zen y apacible.

—Explícate.

—Todo lo que hacían tenía un propósito. Aunque estaban apartados del mundo moderno y vivían una existencia altamente espiritual, eso no quita que fueran muy eficaces. Unos se pasaban el día escribiendo tratados filosóficos, otros creaban fabulosos poemas que desafiaban su capacidad intelectual y renovaban su creatividad. Otros, en fin, pasaban el tiempo dedicados a la silenciosa contemplación, como estatuas iluminadas en la postura del loto. Los Sabios de Sivana no perdían el tiempo. Su conciencia colectiva les recordaba que sus vidas tenían un objeto y un deber que cumplir.

»Esto es lo que me dijo el yogui Raman: "En Sivana, donde el tiempo parece detenerse, tal vez te preguntes qué puede esperar alcanzar un grupo de sabios sin posesiones materiales. Pero lo que uno persigue no ha de ser necesariamente algo material. Personalmente, mis objetivos son conseguir la serenidad, el autodominio y el esclarecimiento. Si cuando llegue al final de mi vida he fracasado en ello, seguro que moriré insatisfecho."

Julián me dijo que era la primera vez que oía mencionar la mortalidad a alguno de sus maestros.

—Y el yogui Raman lo notó en mi expresión. «No has de preocuparte, amigo mío. Hace tiempo que superé los cien años y no tengo planes de dejar esto a corto plazo. Yo creo que cuando uno sabe con claridad qué objetivos desea alcanzar en el curso de su vida, ya sean materiales, emocionales, físicos o espirituales, al final encuentra la alegría eterna. Tu vida será tan placentera como la mía, estoy seguro de que conocerás una espléndida realidad. Pero has de saber cuál es el propósito de tu vida y pasar esa visión al campo de la realidad mediante la acción consecuente. Los sabios lo llamamos *dharma*, que es como se dice en sánscrito "el propósito de la vida".» ¿La satisfacción se derivará del hecho de realizar mi dharma?, le pregunté. «Desde luego. Del dharma salen la armonía interior y la satisfacción duradera. El dharma se basa en el antiguo principio según el cual cada uno de nosotros tiene una misión heroica aquí en la tierra. A todos se nos ha concedido una serie única de dones y talentos que nos permitirán realizar nuestra tarea terrenal. La clave está en descubrirlos y, de paso, descubrir cuál es el objetivo prioritario.»

Interrumpí a Julián:

—Es un poco como lo que decías sobre correr riesgos.

—Quizá sí o quizá no.

—¿Qué quieres decir?

—Sí, puede parecer que estás obligado a correr ciertos riesgos para descubrir qué se te da mejor y cuál es la esencia de tu vida. Muchas personas dejan empleos que han estado impidiendo su progreso en cuanto descubren el verdadero objeto de su existencia. Todo autoexamen entraña un peligro. Pero no existe riesgo alguno en descubrirse a sí mismo y la misión que uno tiene en la vida. El autoconocimiento es el ADN del autoesclarecimiento. Es algo muy bueno y, desde luego, esencial.

—¿Cuál es tu dharma, Julián? —pregunté a voleo, tratando de disimular mi curiosidad.

—Muy sencillo: servir a los demás desinteresadamente. Recuerda, no hay alegría verdadera en el dormir, en relajarse o en haraganear. Como dijo Benjamin Disraeli: «El secreto del éxito es la constancia en los propósitos.» La felicidad que estás buscando vendrá a través de la reflexión sobre los objetivos que te hayas marcado, de las medidas que tomes a diario para conseguirlos. Se trata de una aplicación directa de la vieja filosofía que prescribe que las cosas más importantes nunca deben ser sacrificadas a las cosas menos importantes. El faro de la fábula te servirá para recordarte el poder de marcarse objetivos claramente definidos y, lo más importante, de tener la fuerza de carácter necesaria para obrar en consecuencia.

En las horas que siguieron, aprendí de Julián que las personas más desarrolladas y realizadas comprenden la importancia de explorar sus talentos, averiguar su propósito personal y aplicar sus dones humanos en esa dirección. Hay personas que sirven desinteresadamente a la humanidad como médicos, otros lo hacen como artistas. Algunos descubren que son grandes comunicadores y se convierten en maestros maravillosos, mientras que otros acaban viendo que su legado tendrá la forma de innovaciones en el campo de los negocios o la ciencia. La clave está en tener la disciplina y la visión necesarias para ver cuál es tu misión heroica y asegurarte de que sirva a los demás.

—¿Viene a ser como fijarse metas?

—Fijarse metas es el punto de partida. Proyectar tus objetivos libera los jugos creativos que te ponen en el camino de tu finalidad en la vida. Lo creas o no, el yogui Raman y los otros sabios eran muy exigentes en sus metas.

—Me tomas el pelo. Monjes supereficientes perdidos en el Himalaya, meditando toda la noche y fijándose metas por el día. ¡Estupendo!

—Juzga por los resultados, John. Mírame a mí. A veces ni yo mismo me reconozco cuando me veo en el espejo. Mi antaño insatisfactoria existencia ha sido reemplazada por una vida llena de aventura, misterio y excitación. Soy joven otra vez y disfruto de una salud perfecta. La sabiduría que comparto contigo es tan poderosa, tan importante y tan vital que sólo has de dejar que penetre en ti.

—Eso hago, Julián, en serio. Todo cuanto has dicho hasta ahora tiene sentido, aunque algunas técnicas me parecen un poco raras. Pero te he prometido intentarlo, y lo haré.

—Si he visto más allá que otros, es simplemente porque he contado con grandes maestros —dijo Julián con humildad—. Te pondré otro ejemplo. El yogui Raman era un experto arquero, un auténtico maestro. Para ilustrar su filosofía sobre la importancia de marcarse objetivos claramente definidos en cada aspecto de la vida, me brindó una demostración que jamás olvidaré.

»Cerca de donde estábamos había un roble imponente. El sabio arrancó una rosa de la guirnalda que solía llevar puesta y la colocó en mitad del tronco. Luego sacó tres objetos de la mochila que llevaba consigo siempre que se aventuraba en cumbres distantes como la que estábamos visitando. El primer objeto era su arco favorito, que estaba hecho de una madera de sándalo muy fragante pero robusta a la vez. El segundo era una flecha. El tercero era un pañuelo blanco, como los que yo solía llevar en el bolsillo de mis costosos trajes para impresionar a jueces y jurados —añadió Julián como disculpándose.

El yogui Raman le pidió entonces que le pusiera el pañuelo sobre los ojos a modo de venda.

—¿A qué distancia estoy de la rosa? —preguntó el yogui a su pupilo.

—A unos treinta metros —calculó Julián.

—¿Me has visto alguna vez practicando el antiquísimo deporte del tiro con arco? —preguntó el sabio, sabiendo perfectamente cuál iba a ser la respuesta.

—Te he visto dar en una diana a casi noventa metros, y no recuerdo que hayas fallado ni una sola vez a la distancia de ahora —dijo Julián.

Luego, con los ojos tapados por el pañuelo y los pies bien apoyados en tierra, el maestro tensó el arco y disparó la flecha apuntando a la rosa que colgaba del tronco del roble. La flecha se hincó en el árbol con un golpe sordo, fallando estrepitosamente el tiro.

—Pensaba que ibas a hacer alarde de tus mágicas habilidades, yogui Raman. ¿Qué ha pasado?

—Si estamos en este lugar tan apartado es sólo por una razón. He accedido a revelarte todos mis conocimientos mundanos. La demostración de hoy tiene por objeto reforzar mis consejos sobre la importancia de marcarse objetivos claramente definidos y de saber exactamente adónde vas. Lo que acabas de ver confirma el principio más importante para cualquiera que busque alcanzar sus metas y cumplir el propósito de su vida: es imposible dar a un blanco que no puedes ver. La gente se pasa la vida soñando con ser más feliz, vivir con más vitalidad y tener abundancia de pasión y dinamismo. Pero no ven la importancia de invertir aunque sólo sea diez minutos al mes en escribir cuáles son sus metas y pensar en el significado de sus vidas, en el dharma. Fijarte objetivos cambiará radicalmente tu vida. Tu mundo se volverá más pleno, más placentero y más mágico.

»Mira, Julián, nuestros antepasados nos enseñaron que marcarse objetivos claramente definidos es básico para conseguir lo que deseamos. De donde tú vienes, la gente se marca objetivos materiales. Eso no tiene nada de malo si es lo que uno más valora en la vida. Sin embargo, para alcanzar el autodominio y el esclarecimiento interior, debes también fijarte objetivos en otros campos. ¿Te sorprendería saber que yo tengo objetivos claramente definidos con respecto a la tranquilidad de ánimo, la energía cotidiana y el amor hacia cuantos me rodean? Fijarse metas no es únicamente para abogados como tú que viven en un mundo lleno de atractivos materiales. Cualquiera que desee mejorar la calidad de su mundo interior y exterior hará bien en agarrar un papel y ponerse a escribir sus objetivos. Es a partir de ahí que entrarán en funcionamiento fuerzas naturales que irán transformando los sueños en realidades.

Lo que estaba oyendo me fascinaba. Cuando yo jugaba al fútbol en el instituto, nuestro entrenador siempre hablaba de la importancia de saber lo que queríamos conseguir en cada jugada. «Conoce el resultado», era su credo personal, y nuestro equipo jamás salía al terreno de juego sin un plan bien definido que nos condujese a la victoria. Me pregunté cómo era que, a medida que me hacía mayor, nunca me tomaba el tiempo necesario para desarrollar una táctica de juego aplicable a mi vida. Quizá Julián y el yogui Raman tenían algún truco para eso.

—¿Qué tiene de especial poner por escrito tus objetivos? ¿Cómo puede algo tan simple ser tan decisivo? —pregunté.

—Tu evidente interés me sirve de inspiración —dijo Julián,

complacido—. El entusiasmo es una de las claves para una vida de éxito, y me alegra comprobar que aún conservas el tuyo. Antes te enseñé que cada uno de nosotros tiene unos sesenta mil pensamientos al día por término medio. Anotando tus deseos y objetivos en un papel, lo que haces es ondear una bandera roja para que tu subconsciente sepa que este pensamiento es más importante que los otros 59.999. Tu mente, por lo tanto, empezará a buscar la realización de tu destino como si fuera un misil. De hecho es un proceso científico. La mayoría de las personas no es consciente de ello.

—Algunos de mis socios son verdaderos ases marcándose objetivos —observé—. Y ahora que lo pienso, son los que más han prosperado, económicamente hablando, de entre la gente que conozco. Pero no diría que sean los más equilibrados.

—Tal vez no se han marcado las metas correctas. Mira, John, la vida suele dar lo que le pides. En general la gente quiere sentirse mejor, tener más energía o vivir con mayor satisfacción. Pero cuando preguntas qué es exactamente lo que quieren, no saben responder. La vida cambia desde el momento en que empiezas a buscar cuál es tu dharma —dijo Julián, irradiando verdad a través de sus ojos.

»¿Nunca conociste a alguien con un nombre raro y luego empezaste a ver ese nombre en todas partes, la prensa, la televisión, la oficina? ¿O no te has interesado alguna vez por algo, qué sé yo, la pesca con mosca, y luego has visto que dondequiera que ibas oías cantar las excelencias de la pesca con mosca? Esto es sólo una ilustración del antiguo principio que el yogui Raman denominaba *joriki*, que significa "mente concentrada". Concentra hasta el último gramo de tu energía mental en descubrirte a ti mismo. Aprende en qué destacas y qué te hace feliz. A lo mejor, dada tu paciencia y lo que te encanta enseñar, deberías ser maestro de escuela. Quizá eres un pintor o un escultor frustrado. Sea como sea, busca tu pasión y lánzate a ella.

—Ahora que lo pienso bien, sería muy triste llegar al cabo de mi vida sin darme cuenta de que tenía un don especial que hubiera podido liberar el potencial de mi mente y ayudar a los demás... aunque fuera un poco.

—Exacto. A partir de ahora mismo, intenta concretar tu objetivo en la vida. Despierta tu mente a la abundancia de posibilidades. Empieza a vivir con más entusiasmo. La mente humana es el mejor filtro. Si se usa adecuadamente, descarta lo que percibes como no importante y te da solamente la información que estás buscando. Ahora mismo, mientras estamos aquí sentados, hay muchas cosas a las que no prestamos atención. Por ejemplo, la risa de unos enamorados mientras pasean por la calle, ese pez que hay en la pecera que tienes detrás, el aire frío que sale del acondicionador, los latidos de mi corazón. Del mismo modo, cuando decides concentrar tu mente en los objetivos de tu vida, la mente empieza a descartar lo que no importa para centrarse sólo en lo importante.

—Te seré sincero —dije—, creo que ya sería hora de que averiguara mi propósito en la vida. No me malinterpretes, hay cosas muy bonitas en mi vida. Pero no está resultando tan gratificante como cabría esperar. Si hoy me fuera de este mundo, no sé si me perdería gran cosa.

—¿Qué sientes al pensarlo?

—Me deprime —dije con sinceridad—. Sé que tengo talento. De hecho, cuando era más joven tenía madera de artista. Eso fue hasta que la abogacía me tentó con la promesa de una vida más estable.

—¿Alguna vez desearías haber sido pintor?

—No he pensado mucho en ello, la verdad. Pero te diré una cosa: cuando pintaba lo pasaba en grande.

—Te daba satisfacción, ¿verdad?

—Desde luego que sí. Cuando estaba en el estudio, pintando, perdía la noción del tiempo. La tela me absorbía completamente. Para mí era una auténtica liberación. Era casi como trascender el tiempo y moverse en otra dimensión.

—Eso es debido al poder de concentrar la mente en algo que te gusta. Goethe dijo que «estamos hechos y moldeados por lo que amamos». Puede que tu dharma sea iluminar el mundo con preciosos cuadros. Podrías invertir un poco de tiempo cada día en pintar.

—¿Y si aplicara esta filosofía a cosas menos esotéricas que cambiar mi vida? —pregunté con una sonrisa.

—No estaría mal —dijo Julián—. ¿Como qué?

—Supón que uno de mis objetivos, aunque secundario, fuese eliminar los michelines que adornan mi cintura. ¿Por dónde empezaría?

—No te dé vergüenza. Para dominar el arte de marcarse y conseguir objetivos hay que empezar por cosas pequeñas. Es más, ejercitarse en lograr pequeñas hazañas te prepara para abordar las grandes. Bien, y respondiendo a tu pregunta, no hay nada malo en proyectar una serie de pequeños objetivos mientras uno planifica los más importantes.

Julián me dijo que los Sabios de Sivana habían creado un método de cinco pasos para hacer realidad el propósito de sus vidas. Era un método sencillo y práctico, y funcionaba. El primer paso era formarse una clara imagen mental del resultado. Julián me dijo que, si se trataba de perder peso, yo debía visualizarme cada mañana, recién levantado, como una persona delgada, en forma, llena de vitalidad y energía. Cuanto más clara fuese la imagen mental, más efectivo sería el proceso. Dijo que la mente es una verdadera mina de poder y que este simple imaginar mi objetivo abriría las puertas para la consecución de mi deseo. El segundo paso consistía en someterme a mí mismo a presiones positivas.

—La razón principal de que la gente no persevere en las cosas que se propone es que es muy fácil caer en los viejos hábitos. La presión no es siempre algo malo. Puede inspirarte para alcanzar grandes cosas. La gente suele conseguir cosas importantes cuando está entre la espada y la pared y se la obliga a echar mano del potencial que lleva en su interior.

—¿Cómo puedo yo crear esa presión positiva? —pregunté pensando ya en las posibilidades de aplicar este método a todo, desde levantarme más temprano a ser un padre más paciente y afectuoso.

—Hay muchas maneras. Una de las mejores es el compromiso público. Di a todo el mundo que sabes que vas a perder esos kilos de más o escribir esa novela o cualquier otro objetivo que te hayas marcado. Una vez hagas pública tu meta, verás que la presión te estimula a trabajar en la dirección fijada, pues a nadie le gusta parecer un fracasado. En Sivana, mis maestros empleaban medios más drásticos para concitar esa presión positiva. Se decían unos a otros que de no cumplir sus compromisos, como ayunar una semana o levantarse cada día a las cuatro para meditar, bajarían a la cascada y se pondrían bajo el agua helada hasta que se les entumecieran las extremidades. Esto es un ejemplo límite del poder de la presión a la hora de forjarse buenos hábitos.

—Ejemplo límite me parece una manera muy suave de llamarlo, Julián. ¡Qué extravagante ritual!

—Pero extraordinariamente efectivo. Fíjate que si entrenas

a tu mente para que asocie el placer con los buenos hábitos y el castigo con los malos, tus flaquezas caerán muy pronto.

—Has dicho que había que seguir cinco pasos para realizar mis deseos —dije impaciente—. ¿Cuáles son los tres restantes?

—Sí, John. El primer paso es tener una visión clara del resultado. El segundo es crear una presión positiva que te sirva de inspiración. El tercer paso es muy simple: nunca te marques una meta sin fijar un plazo. Para insuflar vida a un objetivo, has de fijarle un plazo muy preciso. Es como cuando preparas casos; siempre centras tu atención en los que el juez ha de ver mañana, no en los que aún no tienen fecha de vista.

»Ah, y por cierto, recuerda que un objetivo no es tal si no lo anotas por escrito. Cómprate un diario; te bastará con una libreta de espiral. Bautízalo "cuaderno de sueños" y anota en él todos tus deseos, objetivos y sueños. Es una forma de conocerte a ti mismo.

—¿No me conozco aún?

—La mayoría de la gente no se conoce. No se han tomado el tiempo de analizar sus flaquezas y sus puntos fuertes, sus esperanzas y sus sueños. Según los chinos, tres son los espejos que forman la imagen de una persona: el primero es como se ve uno mismo, el segundo como te ven los otros, y el tercero refleja la verdad. Conócete a ti mismo, John. Conoce la verdad.

»Divide el cuaderno en secciones independientes según las distintas áreas de tu vida. Por ejemplo, podrías tener secciones para anotar objetivos en materia de puesta a punto, objetivos financieros, objetivos sociales y de relación y, tal vez lo más importante, objetivos espirituales.

—¡Caray, suena divertido! Nunca me había pasado por la cabeza hacer algo tan creativo. Debería ponerme a prueba más a menudo —dije.

—Estoy de acuerdo. Otra técnica muy efectiva que aprendí en Sivana es incluir en el cuaderno imágenes de las cosas que deseas e imágenes de personas que hayan cultivado los talentos y habilidades que tú esperas emular. Volviendo a tus michelines, si quieres perder peso y estar en buena forma física, pega en tu cuaderno una foto de un corredor de maratón o un plusmarquista de lo que sea. Si quieres ser el mejor marido del mundo, podrías recortar una foto de alguien que represente ese ideal (quizá tu padre) y ponerla en la sección de relaciones. Si sueñas con una mansión junto al mar o con un coche deportivo, busca imágenes inspiradoras y úsalas en tu libro de los sueños. Revisa el cuaderno cada día, aunque sea sólo unos minutos. Conviértelo en tu amigo: te sorprenderán los resultados.

—Tus ideas son revolucionarias, Julián. Quiero decir, aunque todo esto hace siglos que está ahí, toda la gente que conozco podría mejorar su vida cotidiana con sólo aplicar algunas de las técnicas. A mi mujer le encantaría tener un cuaderno así. Seguro que lo llenaría de fotos donde se viera mi abultado estómago.

—Bah, tampoco es tan grande —me consoló Julián.

—Entonces ¿por qué Jenny me llama señor Donut? —dije, y sonreí.

Julián se echó a reír. Yo no pude por menos de imitarle. Al momento estábamos los dos carcajeándonos.

—Si no te ríes de ti mismo, ¿de quién te vas a reír? —dije.

—Tienes toda la razón, amigo mío. Cuando era un abogado famoso, uno de mis principales problemas era que me tomaba la vida demasiado en serio. Ahora soy más bromista y más infantil. Disfruto de todo lo que me da la vida, por pequeño que sea. Pero vamos al grano. Tengo mucho que decirte y me está saliendo todo de golpe.

»Volvamos al método de cinco pasos para conseguir tus

metas. Una vez te formas una imagen mental del resultado, creas un poco de presión positiva, fijas un plazo y pasas tu compromiso al papel, el siguiente paso es aplicar lo que el yogui Raman llamaba "la regla mágica del 21". En su mundo, las personas instruidas creían que, para que un comportamiento nuevo cristalice en hábito, hay que realizar esa nueva actividad durante veintiún días seguidos.

—¿Qué tiene de especial esa cifra?

—Los sabios dominaban el arte de crear nuevos y más gratificantes hábitos de conducta. El yogui Raman me dijo que el mal hábito, una vez adquirido, era imposible de borrar.

—Pero tú llevas toda la noche proponiéndome que cambie mi manera de vivir. ¿Cómo voy a hacerlo si no puedo borrar ni uno solo de mis malos hábitos?

—He dicho que los malos hábitos no se pueden borrar, pero no que no puedan ser sustituidos —precisó Julián

—No recordaba que eras el rey de la retórica, Julián. Pero creo que te entiendo.

—La única manera de asentar un nuevo hábito es emplear tal energía en ello que el viejo hábito se retire por sí mismo como si fuera un huésped indeseable. Este proceso se completa generalmente en veintiún días, el tiempo necesario para crear un nuevo camino neuronal.

—Supón que quiero practicar la técnica del Corazón de la Rosa para borrar el hábito de preocuparme, vivir a un ritmo más tranquilo. ¿Debo hacerlo cada día a la misma hora?

—Buena pregunta. Lo primero que te diré es que no estás obligado a hacer nada; todo cuanto te estoy explicando esta noche lo ofrezco como amigo que se interesa por tu desarrollo personal. Cada estrategia, herramienta o técnica ha sido probada durante siglos para contrastar su efectividad. Esto te lo puedo asegurar. Y aunque mi corazón me dice que debería implorarte que probaras todos los métodos de Sivana, mi conciencia me dicta que me limite a cumplir mi deber de compartir estos conocimientos contigo, y que seas tú quien los ejecute a su manera. Mi consejo es éste: nunca hagas nada porque tienes que hacerlo. La única razón para hacer algo es porque quieres y porque sabes que es lo más correcto que puedes hacer.

—Me parece razonable, Julián. Y no te preocupes, ni por un momento he sentido que me estuvieras metiendo toda esa información con calzador. Además, lo único que podrías hacerme tragar a la fuerza es un paquete de donuts... y no te costaría mucho —bromeé.

Julián sonrió.

—Gracias, amigo. Y respondiendo a tu pregunta, te sugiero que pruebes la técnica del Corazón de la Rosa cada día a la misma hora y en el mismo lugar. Todo ritual tiene un poder tremendo. Los astros del deporte que comen siempre lo mismo o se atan del mismo modo los cordones de sus zapatillas antes del momento cumbre están invocando el poder del ritual. Los miembros de una iglesia que realizan los mismos ritos, llevan las mismas ropas, están empleando el poder del ritual. Incluso la gente que hace el mismo trayecto o dice las mismas cosas antes de una importante reunión de negocios está aplicando el poder del ritual. Cuando introduces una actividad en tu rutina diaria haciéndola de la misma manera y a la misma hora cada día, esa actividad se convierte rápidamente en un hábito.

»Por ejemplo, la mayoría de la gente hace lo mismo cuando se despierta, sin pensarlo: abrir los ojos, bajar de la cama, ir al baño y cepillarse los dientes. Por lo tanto, dedicarte durante veintiún días al mismo objetivo y realizar esa misma actividad a la misma hora hará que se convierta en un hábito. En poco tiempo conseguirás ese nuevo hábito, sea la meditación, levantarte más temprano o leer una hora al día, con la misma facilidad con que te cepillas los dientes.

—¿Y el último paso para conseguir tus metas y avanzar por el camino del propósito?

—El último paso es aplicable en la medida en que avanzas por el sendero de tu vida. Debes disfrutar del proceso. Los Sabios de Sivana solían hablar de esta filosofía. Creían firmemente en que un día sin risa o un día sin amor era un día sin vida.

—No estoy seguro de entenderlo.

—Sólo digo que debes asegurarte de pasarlo bien mientras avanzas por el camino de tus objetivos. Nunca olvides la importancia de vivir con júbilo desbordante. Nunca descuides la exquisita belleza que hay en todas las cosas vivas. Hoy, y este momento que compartimos, es un regalo. No pierdas el ánimo, la alegría ni la curiosidad. Concéntrate en tu propósito y en servir desinteresadamente al prójimo. El universo se ocupará de todo lo demás. Es una de las leyes más genuinas de la naturaleza.

—¿Y no he de lamentar lo que haya ocurrido en el pasado?

—Exactamente. No existe el caos en el universo. Todo tiene su razón de ser, todo lo que te haya pasado o haya de pasarte. Recuerda lo que dije, John: cada experiencia conlleva una lección que aprender. Así que no insistas en lo secundario. Disfruta de la vida.

—¿Eso es todo?

—Aún tengo muchas cosas que decirte. ¿Estás cansado?

—Nada de eso. En realidad, estoy entusiasmado. Y tú eres el catalizador, Julián

—Muy bien. Antes de seguir adelante con la fábula del yogui Raman, hay una última cosa sobre cómo alcanzar tus sueños que quiero dejar clara.

—Adelante.

—Existe una palabra que los sabios siempre pronunciaban con tono casi reverencial. Esta sencilla palabra parecía tener para ellos un profundo significado y salpicaba su charla cotidiana. La palabra es *pasión*, y se trata de un término que debes tener siempre en primer plano mental en tu misión de alcanzar tus objetivos. Un ardiente sentido de la pasión es lo que mejor puede propulsar tus sueños. En nuestra sociedad hemos perdido la pasión. No hacemos las cosas porque nos guste hacerlas, sino porque creemos que hemos de hacerlas. Es la clave de la desdicha. Y no estoy hablando de la pasión romántica, aunque éste es otro de los ingredientes para una existencia inspirada. Estoy hablando de una pasión por la vida. Reclama la alegría de despertar cada mañana lleno de energía y júbilo. Insufla el fuego de la pasión a todo aquello que hagas. Pronto cosecharás recompensas, tanto materiales como espirituales.

—Lo dices como si fuera fácil.

—Y lo es. A partir de esta noche toma el control sobre tu vida. Decídete, de una vez por todas, a ser el dueño de tu destino. Corre tu propia carrera. Descubre tu vocación y empezarás a experimentar el éxtasis de una vida inspirada. Por último, recuerda que lo que está detrás y lo que está delante de ti no es nada comparado con lo que está dentro de ti.

—Gracias, Julián. Realmente necesitaba oírlo. Nunca había sabido lo que faltaba en mi vida hasta esta noche. He estado vagando sin rumbo, a falta de un verdadero propósito en mi vida. Las cosas van a cambiar, te lo prometo. Te estoy muy agradecido.

—No hay de qué, amigo mío. Sólo estoy cumpliendo mi propio objetivo.

Resumen de acción del capítulo 8
La sabiduría de Julián en pocas palabras

El símbolo:

La virtud:

Perseguir el propósito

La enseñanza:

- El propósito de la vida es una vida con propósito
- Descubrir y luego llevar a cabo la meta de tu vida aporta una satisfacción duradera
- Marcarse objetivos claramente definidos en lo personal, profesional y espiritual, y luego tener el valor de obrar en consecuencia

Las técnicas:

- El poder del autoexamen
- El método de cinco pasos para alcanzar objetivos

Cita valiosa:

Nunca olvides la importancia de vivir con júbilo desbordante. Nunca descuides la exquisita belleza de todas las cosas vivas. Hoy, y el momento que compartimos, es un regalo. Céntrate en tu propósito. El universo se encargará de todo lo demás.

NUEVE

❧

El viejo arte
del autoliderazgo

La gente buena se consolida sin cesar.

CONFUCIO

—El tiempo vuela —dijo Julián antes de servirse otra taza de té—. Pronto amanecerá. ¿Quieres que continúe o ya tienes suficiente por esta noche?

De ninguna manera pensaba yo dejar que este hombre, que atesoraba tanta sabiduría, se fuera sin completar su historia. Al principio su relato me pareció fantasioso. Pero a medida que escuchaba y asimilaba la antiquísima filosofía que se le había otorgado, acabé creyendo firmemente en lo que decía. Aquí no se trataba de las especulaciones de un mercachifle de tres al cuarto. Julián era muy auténtico. Y su mensaje sonaba a verdad. Yo confiaba en él.

—Sigue, Julián, por favor. Tengo todo el tiempo del mundo. Esta noche los chicos duermen en casa de sus abuelos, y Jenny aún tardará horas en levantarse.

Notando mi sinceridad, Julián continuó con la fábula simbólica que el yogui Raman le había ofrecido para ilustrar sus métodos para una vida más plena y radiante.

—He explicado que el jardín representa ese otro fértil jardín, el de tu mente, que está lleno de tesoros y riquezas ilimitadas. También he hablado del faro y de que representa el poder de los objetivos y la importancia de descubrir la propia vocación. Recordarás que la puerta del faro se abría lentamente y que de él salía un poderoso luchador de sumo japonés.

—Parece una mala película de Godzilla.

—A mí me encantaban cuando era un chaval.

—Y a mí. Pero no dejes que te distraiga —repliqué.

—El luchador de sumo representa un importantísimo elemento en el sistema de los Sabios de Sivana. Hace muchos siglos, en el antiguo Oriente, los grandes maestros desarrollaron y pulieron una filosofía llamada *kaizen*. Esta palabra japonesa significa mejora constante. Y es la marca de fábrica de todo hombre o mujer que vive una existencia despierta y dinámica.

—¿Cómo enriqueció la vida de los sabios el concepto de *kaizen*? —pregunté.

—Como he mencionado antes, John, el éxito externo empieza por el éxito interno. Si de veras quieres mejorar tu mundo exterior, llámese tu salud, tus relaciones o tus finanzas, debes primero mejorar tu mundo interior. El modo más eficaz de conseguirlo es mediante la práctica de una continua autosuperación. El autodominio es el ADN del dominio de la vida.

—Julián, espero que no te importe que lo diga, pero todo eso del «mundo interior» me suena muy esotérico. Recuerda que soy un abogado de clase media con un utilitario aparcado en el camino particular y un cortacésped en el garaje. Mira, todo lo que me has dicho hasta ahora encaja. A decir verdad, gran parte de lo que has compartido conmigo parece de sentido común, aunque ya sé que el sentido común, en estos tiempos, es todo menos común. Te diré, sin embargo, que me cuesta un poco entender esta noción del *kaizen* y la mejora del mundo interior. ¿De qué estábamos hablando exactamente?

Julián fue rápido en su respuesta.

—En nuestra sociedad etiquetamos al ignorante como débil. No obstante, quienes expresan su falta de conocimientos y buscan instruirse encuentran el camino del esclarecimiento antes que los demás. Tus preguntas son sinceras y me dicen que estás abierto a las ideas nuevas. El cambio es la fuerza más poderosa que tiene nuestra sociedad de hoy. Mucha gente lo teme, pero los sabios lo abrazan sin reservas. La tradición zen habla de la mente del principiante: quienes están abiertos a nuevos conceptos son siempre los que alcanzan niveles más altos de realización. No tengas el menor reparo en preguntar lo que sea, por más básico que parezca. Las preguntas son el modo más efectivo de suscitar el conocimiento.

—Gracias. Pero sigo sin ver claro eso del *kaizen*.

—Cuando hablo de mejorar tu mundo interior, estoy hablando simplemente de autosuperación y expansión personal, y es lo mejor que puedes hacer por ti mismo. Podrías pensar que estás demasiado ocupado para emplear tiempo en ti mismo, lo cual sería un gran error. Mira, cuando has dedicado tiempo a forjarte un carácter fuerte, imbuido de disciplina, vigor, poder y optimismo, puedes tenerlo todo y hacer todo lo que quieras en tu mundo exterior. Cuando has cultivado un sentido profundo de la fe en tus posibilidades y un espíritu indomable, nada puede impedir que triunfes en lo que te propongas y que vivas con grandes recompensas. Dedicar un tiempo a dominar la propia mente, a ocuparse del cuerpo y nutrir el alma te pondrá en situación de desarrollar más riqueza en tu vida. Es como dijo Epicteto hace muchos años: «Ningún hombre es libre si no es dueño de sí mismo.»

—Entonces el *kaizen* es un concepto muy práctico.

—En efecto. Piénsalo bien, John. ¿Cómo puede nadie dirigir una empresa si no puede dirigirse a sí mismo? ¿Cómo puedes alimentar a una familia si no has aprendido a alimentarte a ti mismo? ¿Cómo puedes obrar bien si ni siquiera te sientes bien? ¿Comprendes ahora?

Asentí con la cabeza. Era la primera vez que pensaba seriamente en la importancia de mejorar yo mismo. Siempre había pensado que todas esas personas que veía en el metro leyendo libros con títulos como *El poder del pensamiento positivo* eran tipos desesperados por hallar alguna medicina que les devolviera al buen camino. Ahora me daba cuenta de que quienes se ocupaban de consolidarse a sí mismos eran los más fuertes, y que sólo a través de la autosuperación se podía esperar que otros mejoraran también. Me puse a reflexionar sobre las cosas que podía mejorar de mí mismo. Realmente necesitaba un poco más de energía y de buena salud. Librarme de mi horrible mal genio y de mi manía de interrumpir a los demás podía sin duda obrar maravillas en mi relación con mi esposa y mis hijos. Y borrar el hábito de preocuparme me daría la tranquilidad de ánimo y la felicidad que yo había estado persiguiendo. A medida que pensaba en ello, más mejoras potenciales encontraba.

Cuando empecé a ver todas las cosas positivas que influirían en mi vida gracias a cultivar buenos hábitos, mi entusiasmo fue en aumento. Pero me di cuenta de que Julián estaba hablando de algo más que de unos ejercicios diarios, de una dieta sana y un estilo de vida equilibrado. Lo que él había aprendido en el Himalaya era más profundo que todo esto. Julián habló de la importancia de forjarse un carácter sólido, de desarrollar una fortaleza mental y de vivir con coraje. Me dijo que estos tres atributos conducían a una vida virtuosa, llena de realización, satisfacción y paz interior. El coraje era una cualidad que todos podíamos cultivar, y a largo plazo daba grandes dividendos.

—¿Qué tiene que ver el coraje con el autoliderazgo y el desarrollo personal? —pregunté.

—Es el coraje lo que te permite correr tu propia carrera, lo que te permite hacer lo que quieres porque sabes que está bien. El coraje te da el autocontrol para perseverar allí donde otros desfallecen. El grado de coraje con el que vives determina la dosis de satisfacción que recibes. Te permite, además, comprender todas las exquisitas maravillas de esa épica que es tu vida. Y quienes tienen dominio de sí mismos poseen coraje en abundancia.

—De acuerdo. Empiezo a entender eso de trabajar en mí mismo. ¿Por dónde debo empezar?

Julián volvió a su conversación con el yogui Raman en lo alto de las montañas, en lo que él recordaba como una noche estrellada y hermosa.

—Inicialmente yo también tuve dificultades con la idea de la autosuperación. Al fin y al cabo, yo era una especie de pistolero de los tribunales, un tipo duro salido de Harvard que no tenía tiempo para las teorías New Age que trataban de endilgarme unas personas a las que yo consideraba desaliñadas. Me equivocaba. Lo que a mí me impedía avanzar mentalmente no era sino mi estrechez de miras. Cuanto más escuchaba al yogui Raman y más reflexionaba sobre el dolor y el sufrimiento de mi mundo anterior, mejor acogía la noción del *kaizen*, el constante y eterno enriquecimiento de la mente, el cuerpo y el alma —concluyó Julián.

—¿Por qué últimamente oigo tantas veces eso de «mente, cuerpo y alma»? Se diría que no puedo ni darme la vuelta en el metro sin que alguien lo mencione.

—Es la trilogía de tus dones humanos. Mejorar la mente sin cultivar tus cualidades físicas sería una victoria realmente vana. Elevar tu mente y tu cuerpo a los más altos niveles sin nutrir tu alma te dejaría vacío e insatisfecho. Pero cuando dediques tus energías a abrir las puertas de todo el potencial de esas tres cualidades humanas, saborearás el divino éxtasis de una vida iluminada.

—Caray, has conseguido entusiasmarme.

—En cuanto a tu pregunta de por dónde empezar, prometo darte unas cuantas técnicas, viejas pero poderosas, dentro de un momento. Pero primero un ejemplo práctico. Ponte en posición de plancha.

Horror, pensé: Julián convertido en sargento de instrucción. Mi curiosidad y las ganas de llegar hasta el final me hicieron obedecer.

—Ahora haz todas las flexiones que puedas. No pares hasta estar seguro de que no puedes hacer ni una sola más.

Me esforcé en lo que pude, que era poco teniendo en cuenta que mi corpachón de noventa y seis kilos no hacía otro ejercicio que ir andando hasta McDonald's con mis hijos o pasear por un campo de golf con mis compañeros de bufete. Las primeras quince flexiones fueron pura agonía. Entre el esfuerzo y el calor de la noche estival, empecé a sudar copiosamente. No obstante, estaba decidido a no mostrar signos de debilidad y seguí hasta que mi vanidad empezó a capitular a la par que mis brazos. Cuando llegué a la flexión veintitrés, me rendí.

—No puedo más, Julián. Esto va a acabar conmigo. ¿Qué quieres demostrar con esto?

—¿Estás seguro de que no puedes más?

—Segurísimo. Déjame respirar. La única lección que puedo sacar de esto es qué hacer ante un ataque cardíaco.

—Diez flexiones más. Luego puedes descansar —ordenó Julián.

—¡Estás de broma!

Pero lo hice. Quedé extenuado en el suelo.

—Yo pasé por la misma experiencia la noche en que el yogui Raman me contó su fábula. Él me dijo que el dolor era un gran maestro.

—¿Qué se puede aprender de una experiencia como ésta? —pregunté sin resuello.

—El yogui Raman y, para el caso, todos los Sabios de Sivana, creían que las personas crecen más cuando entran en la zona de lo desconocido.

—De acuerdo. Pero ¿qué tiene eso que ver con obligarme a hacer tantas flexiones?

—Cuando has llegado a la veintitrés dijiste que no podías más. Para ti ése era el límite. Sin embargo, cuando te he desafiado a seguir, has reaccionado haciendo diez flexiones más. Dentro de ti tenías reservas. El yogui Raman me explicó una verdad fundamental cuando yo era su alumno: «Los únicos límites son aquellos que tú mismo te pones.» Cuando te atreves a salir de tu círculo de comodidad y explorar lo desconocido, empiezas a liberar tu verdadero potencial humano. Es el primer paso hacia el autodominio y el dominio sobre todas las otras circunstancias de tu vida. Cuando se fuerzan los límites, como tú has hecho en esta pequeña demostración, estás abriendo reservas físicas y mentales que ni siquiera imaginabas tener.

Fascinante, pensé. Había leído hacía poco que el hombre utiliza, por término medio, una cantidad insignificante de su capacidad humana. Me pregunté qué no podríamos hacer cuando empezáramos a emplear el resto de nuestras reservas.

—El arte del *kaizen* —prosiguió Julián— se practica esforzándose cada día. Afánate por mejorar tu cuerpo y tu mente. Nutre tu espíritu. Haz esas cosas que temes. Empieza a vivir con energía desbordante y entusiasmo ilimitado. Ve salir el sol Baila bajo una ducha de lluvia. Sé la persona que sueñas ser. Haz las cosas que siempre has querido hacer pero no hacías porque creías que eras demasiado joven o demasiado viejo, demasiado rico o demasiado pobre. Prepárate a vivir una vida de verdad, plena e intensa. En Oriente dicen que la suerte favorece a las mentes preparadas. Yo creo que la vida también favorece a la mente preparada.

Julián continuó su apasionado discurso:

—Identifica las cosas que te frenan. ¿Te da miedo hablar, tienes problemas de relación? ¿Te falta una actitud positiva o necesitas más energía? Haz un inventario de tus flaquezas. La gente satisfecha es mucho más clarividente que la otra. Tómate tiempo para reflexionar acerca de qué te está impidiendo llevar la vida que realmente te gustaría y podrías llevar. Cuando hayas identificado tus debilidades, el paso siguiente es afrontarlas con decisión y tratar de resolver los miedos. Si temes hablar en público, firma para dar veinte conferencias. Si temes iniciar un nuevo negocio o abandonar una relación poco satisfactoria, haz acopio de todo tu poder de decisión y atrévete. Tal vez sea el primer trago de libertad que hayas probado en años. El miedo no es más que un monstruo mental que tú mismo creas, una corriente negativa de conciencia.

—¿Una corriente negativa de conciencia, sólo eso? Vaya, me gusta. ¿Quieres decir que todos mis miedos no son sino *gremlins* imaginarios que se han ido colando en mi mente con los años?

—Exacto, John. Cada vez que han impedido que hicieses alguna cosa, tú añadías combustible a su fuego. Pero una vez conquistas tus miedos, conquistas tu vida.

—Necesito un ejemplo.

—Bien. Pongamos por caso hablar en público, una actividad que la mayoría de la gente teme más que a la muerte misma. Cuando yo era abogado, conocí a colegas que tenían miedo de entrar en la sala de tribunal. Eran capaces de cualquier cosa, hasta de buscar una conciliación fácil para sus clientes sólo por no tener que ponerse de pie delante de una sala llena de gente.

—Yo también he conocido casos así.

—¿Crees que nacieron con ese miedo?

—Espero que no.

—Fíjate en los niños pequeños. No tienen límites. Su mente es un exuberante panorama de posibilidades. Adecuadamente cultivada, esa mente los llevará a la grandeza. Llena de negatividad, los conducirá a la mediocridad. En otras palabras: ninguna experiencia, sea hablar en público o pedir un aumento de sueldo o nadar en un lago a pleno sol o pasear por una playa a la luz de la luna, es en sí misma dolorosa o placentera. Es tu pensamiento quien la hace una cosa u otra.

—Muy interesante.

—Se podría adiestrar a un niño pequeño para que le deprimiera un espléndido día de sol, o que viese a un cachorro como un animal dañino. Del mismo modo, un adulto podría llegar a ver una droga como un agradable vehículo para la liberación. Todo es cuestión de condicionamiento, ¿no?

—Desde luego.

—Lo mismo pasa con el miedo. El miedo es una respuesta condicionada: un hábito arrasador que puede consumir fácilmente toda tu energía, creatividad y espíritu si no estás atento. Cuando el miedo enseñe su horrible cabeza, córtasela de cuajo. La mejor manera es hacer precisamente esa cosa que temes. Has de entender el funcionamiento del miedo. Es algo que tú creas. Como cualquier otra creación, es tan sencillo echarla abajo como levantarla. Busca metódicamente y luego destruye todos los miedos que se han colado en la fortaleza de tu mente. Bastará con eso para que tengas más confianza, felicidad y tranquilidad de ánimo.

—¿Puede la mente humana carecer totalmente de miedo? —pregunté.

—Estupenda pregunta. La respuesta es un inequívoco y enfático «¡Sí!». Todos y cada uno de los Sabios de Sivana desconocían el miedo. Se notaba en la forma que tenían de andar, de hablar. Se notaba cuando les mirabas a los ojos. Y te diré otra cosa, John.

—Qué —pregunté fascinado.

—Yo tampoco tengo miedo. Me conozco a mí mismo y he visto que mi estado natural es de fuerza indomable y de ilimitada potencialidad. Sólo que yo estaba como bloqueado por todos esos años de abandono y desequilibrio. Te diré algo más: cuando borras el miedo de tu mente, empiezas a parecer más joven y tu salud gana en vitalidad.

—Ya, la vieja conexión mente-cuerpo —dije, confiando en disimular mi ignorancia.

—En efecto. Los sabios de Oriente la conocen desde hace cinco mil años. O sea que, de New Age, nada —dijo con una sonrisa que iluminó su rostro radiante.

—Los sabios me enseñaron otro poderoso principio en el que pienso a menudo. Creo que te será de gran utilidad en tu camino hacia el dominio personal. En ocasiones, cuando quiero tomar las cosas con calma, me ha servido de motivador. Su filosofía puede concretarse así: lo que separa a las personas realizadas de aquellas que viven sin inspiración alguna es que los primeros hacen cosas que la gente menos perfeccionada no gusta de hacer.

»La gente realmente esclarecida, la que experimenta la felicidad a diario, está dispuesta a renunciar a un placer a corto plazo a cambio de una satisfacción a largo plazo. De modo que encara sus miedos y debilidades con valor, aunque zambullirse en la zona de lo desconocido le suponga ciertas incomodidades. Esa gente vive según la filosofía del *kaizen*: mejorar cada aspecto de sí mismos constantemente. Con el tiempo, cosas que antes eran difíciles dejan de serlo. Miedos que antaño les impedían experimentar la dicha que merecían caen en el camino como árboles en un huracán.

—¿Estás sugiriendo que debo cambiarme primero a mí mismo si quiero cambiar mi vida?

—Sí. Es como la historia que me contaba mi profesor favorito cuando yo estaba en la facultad. Una noche, un padre estaba leyendo el periódico después de un largo día en la oficina. Su hijo, que quería jugar, no paraba de darle la lata. Finalmente, harto ya, el padre arrancó la foto de un globo terráqueo que había en el periódico y la rompió en mil pedazos. «Toma hijo, a ver si consigues montar este rompecabezas», dijo el padre, confiando en que el niño estuviera ocupado el rato suficiente para que él pudiera terminar de leer. Para su sorpresa, el niño volvió al cabo de un minuto con el globo perfectamente formado. Cuando el padre le preguntó cómo había conseguido algo tan difícil, el hijo sonrió y le dijo: «Papá, en la otra cara había la foto de una persona, y en cuanto he juntado la cara, la tierra ha quedado unida.»

—Bonita historia.

—Mira, John, las personas más sabias que he conocido, de los maestros de Sivana a mis profesores de Harvard, parecen conocer la fórmula de la felicidad.

—Continúa —dije con impaciencia.

—Es lo que he dicho antes: la felicidad se consigue gracias a la progresiva realización de un propósito digno. Si tú haces lo que realmente amas hacer, estás destinado a sentir la máxima satisfacción.

—Si la felicidad la consigue todo aquel que hace lo que ama hacer, ¿cómo es que hay tanta gente desdichada?

—Buena pregunta, John. Hacer lo que uno ama, ya sea dejar el empleo que tienes ahora y convertirte en actor, o invertir menos tiempo en las cosas menos importantes para emplearlo en las que tienen más significado, requiere mucho coraje. Requiere que salgas de tu zona de confort. Y el cambio, al principio, siempre es un poco incómodo. Y arriesgado. Pero es la manera más segura de tener una vida más gozosa.

—¿Cómo hace uno exactamente para tener más coraje?

—Como en la historia de antes: junta todas las piezas y tu mundo estará bien. En cuanto domines tu mente, tu cuerpo y tu carácter, la felicidad y la abundancia entrarán en tu vida como por arte de magia. Pero debes dedicar un tiempo cada día a trabajar en ti mismo, aunque sean sólo diez o quince minutos.

—¿Y qué simboliza el voluminoso luchador de sumo en la fábula del yogui Raman?

—Nuestro forzudo amigo te servirá para recordar el poder del *kaizen*, palabra japonesa que designa el desarrollo de sí mismo y el progreso constantes.

En unas pocas horas, Julián había revelado la más poderosa —y más sorprendente— información que jamás había oído. Yo había aprendido que mi mente guarda un tesoro en potencia. Había aprendido técnicas sumamente prácticas para serenar la mente y concentrar su poder en mis sueños y deseos. Había aprendido la importancia de tener un objetivo claro en la vida y de fijarme metas definidas en cada aspecto de mi mundo personal, profesional y espiritual. Y ahora había conocido el principio del autodominio: el *kaizen*.

—¿Cómo puedo practicar el arte del *kaizen*?

—Te daré diez antiguos y efectivos rituales que te ayudarán a avanzar en el camino del autodominio. Si los aplicas a diario, teniendo fe en ellos, observarás extraordinarios resultados en sólo un mes a partir de hoy. Si continúas incorporando esas técnicas a tu rutina de forma que se conviertan en hábitos, alcanzarás un estado perfecto de salud, una energía ilimitada, felicidad duradera y tranquilidad de ánimo. En definitiva, alcanzarás tu destino divino.

»El yogui Raman me ofreció estos rituales con gran fe en lo que denominaba su "exquisitez", y creo que estarás de acuerdo en que soy la prueba fehaciente de su poder. Sólo te pido que escuches lo que he de decirte y que juzgues tú mismo los resultados.

—¿Cambiar de vida en sólo treinta días? —pregunté, incrédulo.

—Sí. El *quid pro quo* es que dediques al menos una hora diaria durante treinta días consecutivos a practicar las estrategias que voy a enseñarte. Esta inversión en ti mismo es lo único que se precisa. Y, por favor, no me digas que no tienes tiempo.

—Pero si es verdad —dije honestamente—. Estoy a tope de trabajo. No tengo ni diez minutos para mí, y no digamos ya una hora.

—Como te he dicho antes, objetar que no tienes tiempo para perfeccionar tu mente o tu espíritu es como decir que no tienes tiempo para echar gasolina porque estás muy ocupado conduciendo. Al final lo consigues.

—¿De veras?

—Sí.

—¿Y cómo?

—Lo diré de otra manera. Tú eres como un coche de carreras valorado en millones de dólares; una máquina bien engrasada y altamente sofisticada.

—Caray, muchas gracias.

—Tu mente es la mayor maravilla del universo y tu cuerpo tiene la capacidad de realizar hazañas que te sorprenderían.

—Bien.

—Conociendo el valor de esta máquina de millones de dólares, ¿sería aconsejable hacerla funcionar al máximo durante todo el día sin parar en boxes para dejar que el motor se enfríe?

—Claro que no.

—Entonces ¿por qué no dedicas un poco de tiempo al día para tu parada personal en boxes? ¿Por qué no te das tiempo a enfriar la sofisticada máquina de tu mente? ¿Entiendes ahora? Renovarte a ti mismo es lo más importante que puedes hacer. Irónicamente, sacar tiempo de tu apretado programa de trabajo para tu perfeccionamiento y tu enriquecimiento personal mejorará drásticamente tu efectividad en cuanto te pongas a ello.

—¿Sólo una hora al día durante un mes?

—Es la fórmula mágica que yo buscaba. Habría pagado por ella un par de millones en mis tiempos de abogado, si hubiera comprendido la importancia que tenía. Yo ignoraba que era gratis, como lo es todo el saber verdadero. Dicho esto, debes ser disciplinado y aplicar diariamente, y con absoluta convicción en su valía, las técnicas que componen esta fórmula. No se trata de una receta rápida. En cuanto estás metido en ello, lo estás para largo.

—¿Qué quieres decir?

—Emplear una hora diaria ocupándote de ti mismo produce resultados extraordinarios en treinta días, pero siempre que hagas las cosas bien. Hace falta un mes para instalar un nuevo hábito. Después de ese período, las técnicas que aprendas encajarán como una segunda piel. La clave está en seguir practicándolas cada día si quieres seguir obteniendo resultados.

—Es lógico —concedí.

Julián había abierto la puerta de un manantial de vitalidad y serenidad interior en mi vida. En realidad, su transformación en un radiante y dinámico filósofo era poco menos que milagrosa. En ese momento decidí dedicar una hora diaria a poner en práctica las técnicas y principios que él me iba a enseñar. Decidí trabajar en mi perfeccionamiento antes de trabajar en cambiar a los demás, como había sido mi costumbre. Quizá yo podría experimentar una transformación como la de aquel antiguo abogado llamado Mantle. Desde luego, valía la pena intentarlo.

Esa noche, sentado en el piso de mi atestada sala de estar, aprendí lo que Julián llamó «los diez rituales de la Vida Radiante». Varios de ellos exigieron por mi parte un esfuerzo de concentración. Otros podían ser realizados sin esfuerzo alguno. Todos eran intrigantes y prometían cosas extraordinarias.

—La primera estrategia era conocida por los sabios como el Ritual de la Soledad. Se trata de asegurar que tu programa diario incluya un período obligado de paz.

—¿Y eso qué es?

—Un período de tiempo, mínimo quince minutos y máximo cincuenta, en que tú exploras el poder curativo del silencio y tratas de saber quién eres —explicó.

—¿Una especie de descanso para la recalentada máquina de mi mente? —sugerí con una sonrisa.

—Es una manera bastante exacta de verlo. ¿Alguna vez has hecho un viaje largo con tu familia?

—Seguro. Cada verano vamos en coche a las islas a pasar un par de semanas con los padres de Jenny.

—Muy bien. ¿Hacéis alguna parada en ruta?

—Sí. Para comprar comida, o, si noto que me entra sueño, echo una siestecita después de aguantar seis horas oyendo cómo se pelean los críos en el asiento de atrás.

—Bien, piensa en el Ritual de la Soledad como en una parada en ruta para el alma. Su propósito es la autorrenovación, y eso se consigue pasando un tiempo a solas, inmerso en la hermosa envoltura del silencio.

—¿Qué tiene de especial el silencio?

—Buena pregunta. La soledad y la quietud te conectan con tu fuente creativa y liberan la ilimitada inteligencia del universo. Verás, John, la mente es como un lago. En nuestro caótico mundo, las mentes de la mayoría de las personas no están quietas. Están llenas de turbulencias internas. Sin embargo, simplemente dedicando un rato a estar callados y quietos, el lago de la mente se vuelve tan liso como una luna de cristal. La quietud interior trae consigo muchos beneficios: una intensa sensación de bienestar, paz interior y energía desbordante. Incluso dormirás mejor, y disfrutarás de una renovada sensación de equilibrio en tus actividades cotidianas.

—¿Dónde debo practicar este período de paz?

—Teóricamente, cualquier sitio sirve, desde tu dormitorio a tu oficina. La clave está en encontrar un lugar verdaderamente tranquilo... y hermoso.

—¿Dónde encaja aquí lo hermoso?

—Las imágenes bellas suavizan al alma atribulada —observó Julián con un suspiro—. Un ramo de rosas o un simple y solitario narciso tendrán un muy saludable efecto sobre tus sentidos y te relajarán. Lo ideal sería que pudieras saborear esta belleza en un espacio que sirviera de santuario del yo, un lugar que será tu fórum secreto para la expansión mental y espiritual. Podría ser una habitación que tengas desocupada o un rincón tranquilo de un pequeño apartamento. El caso es reservar un sitio para tus actividades, un lugar que esté allí esperando tu llegada.

—Eso me gusta. Creo que disponer de un lugar silencioso en donde meterme cuando llego del trabajo cambiaría muchas cosas. Así podría liberar todo el estrés. Seguro que así sería más agradable estar conmigo.

—Eso trae a colación otro punto importante. El Ritual de la Soledad funciona mejor cuando lo practicas cada día a la misma hora.

—¿Por qué?

—Porque así queda integrado en tu rutina diaria. Practicando el ritual siempre a la misma hora, esa dosis diaria de silencio se convertirá rápidamente en un hábito del que no podrás prescindir. Y los hábitos positivos conducen inevitablemente al que es tu destino.

—¿Algo más?

—Sí. Siempre que sea posible, conversa con la naturaleza. Un paseíto por el bosque o unos minutos de dedicación a las tomateras de tu patio volverán a conectarte con el manantial de serenidad que ahora duerme en tu interior. Estar en contacto con la naturaleza te permite además sintonizar con la infinita sabiduría de tu yo superior. Este autoconocimiento te llevará a las inexploradas dimensiones de tu poder personal. No lo olvides nunca —me aconsejó Julián con voz enardecida de pasión.

—¿Te ha servido de mucho este ritual, Julián?

—Desde luego. Me levanto con el sol y lo primero que hago es ir a mi santuario secreto. Allí exploro el Corazón de la Rosa tanto tiempo como creo necesario. A veces paso horas enteras en callada meditación; otros días son sólo diez minutos. El resultado es más o menos el mismo: una profunda sensación de armonía interna y una abundancia de energía física. Lo cual nos lleva al segundo ritual, que se llama Ritual de Fisicalidad.

—¿De qué se trata?

—Es sobre el poder del cuidado físico. Se basa en el principio de que si cuidas tu cuerpo cuidas tu mente. Al preparar tu cuerpo también preparas tu mente. Dedica cada día un poco de tiempo a nutrir el templo de tu cuerpo con vigorosos ejercicios. Haz que tu circulación sanguínea se ponga en movimiento. ¿Sabías que una semana tiene 168 horas?

—Pues no, la verdad.

—Al menos cinco de todas esas horas deberían invertirse en alguna forma de actividad física. Los Sabios de Sivana practicaban la antiquísima disciplina del yoga para despertar su potencial físico y vivir una existencia dinámica. Era un verdadero espectáculo ver a aquellos maravillosos especímenes, que habían conseguido no notar el paso de los años, haciendo la vertical en mitad de la aldea.

—¿Tú has probado el yoga, Julián? Jenny empezó a practicarlo el verano pasado y dice que se siente cinco años más vieja.

—No hay una estrategia aislada que transforme tu vida por arte de magia, John. El cambio profundo y duradero sólo es posible mediante la aplicación continuada de varios de los métodos que he mencionado. Pero el yoga es un modo realmente efectivo de abrir tus reservas de vitalidad. Yo lo practico todas las mañanas y es una de las mejores cosas que he hecho por mí mismo. No sólo rejuvenece mi cuerpo sino que me ayuda a centrar mi mente. El yoga ha conseguido incluso desbloquear mi creatividad. Es una gran disciplina.

—¿Qué más hacían los sabios para cuidar de sus cuerpos?

—El yogui Raman y sus hermanos creían también que andar vigorosamente por entornos naturales, ya sea por senderos de alta montaña o por un frondoso bosque, hace maravillas contra la fatiga y para devolver el cuerpo a su estado natural de dinamismo. Cuando el tiempo era demasiado malo para andar, se ejercitaban dentro de sus chozas. Podían saltarse una comida, pero nunca su turno diario de ejercicios físicos.

—¿Qué tenían en sus chozas? ¿Aparatos de culturismo? —bromeé.

—Nada de eso. A veces practicaban posturas de yoga. Otras veces los veía hacer flexiones apoyando una sola mano. Creo que no importaba mucho el tipo de ejercicio, siempre y cuando movieran el cuerpo y respiraran el aire límpido del precioso entorno en que vivían.

—¿Qué tiene que ver aquí respirar aire límpido?

—Contestaré a tu pregunta con uno de los dichos favoritos del yogui Raman: «Respirar bien es vivir bien.»

—¿Tan importante es la respiración?

—A poco de estar yo en Sivana, los sabios me enseñaron que la manera más rápida de doblar o incluso triplicar la cantidad de energía era aprender el arte de la buena respiración.

—¿Es que no sabemos todos cómo hay que respirar, incluso los niños de pecho?

—En realidad no. Aunque todo el mundo sabe respirar para sobrevivir, la mayoría no ha aprendido a respirar para desarrollarse bien. Normalmente respiramos poco profundamente, y no tomamos suficiente oxígeno para que el cuerpo funcione a su nivel óptimo.

—Lo dices como si respirar bien exigiera muchos conocimientos.

—En efecto. Y los sabios así lo pensaban. Su filosofía era

sencilla: incorpora más oxígeno respirando adecuadamente y liberarás tus reservas de energía junto con tu estado natural de vitalidad.

—Bueno, ¿y por dónde empiezo?

—De hecho es bastante fácil. Dos o tres veces al día dedica un par de minutos a pensar en cómo respirar de un modo más eficaz.

—¿Cómo sé si respiro con eficacia?

—Para empezar, tu vientre debería moverse poco. Esto indica que respiras por el abdomen, lo cual es correcto. Un truco que me enseñó el yogui Raman es juntar las manos sobre el estómago. Si se movían cuando yo inspiraba, mi técnica era correcta.

—Muy interesante.

—Si te gusta, entonces te gustará el tercer ritual de la Vida Radiante —dijo Julián—. El Ritual de la Nutrición. En mis tiempos de abogado, yo vivía de una dieta a base de filetes, patatas fritas y demás comida basura. Sí, comía en los mejores restaurantes del país, pero igualmente ingería basura. Yo entonces lo ignoraba, pero ésa era una de las principales causas de mi insatisfacción.

—¿De veras?

—Sí. Una dieta pobre tiene un pronunciado efecto sobre tu vida. Consume toda tu energía, física y mental. Afecta a tu estado de ánimo y enturbia tu mente. El yogui Raman lo decía en estos términos: «Como nutres tu cuerpo, así nutres tu mente.»

—Supongo que cambiaste de dieta.

—Radicalmente. Y eso supuso un cambio decisivo en mi aspecto y manera de ser. Yo pensaba que estaba hecho polvo debido al estrés del trabajo y a que la vejez empezaba a alcanzarme. En Sivana aprendí que gran parte de mi entumecimiento era debido al mal combustible con que hacía funcionar mi cuerpo.

—¿Qué comían los Sabios de Sivana para ser tan longevos e inteligentes?

—Alimentos vivos.

—¿Cómo?

—No hay otra respuesta. Los alimentos vivos son los que no están muertos.

—Venga, Julián. ¿Qué es eso de alimentos vivos?

—Básicamente son aquellos que provienen de la interacción natural del sol, el aire, la tierra y el agua. Estoy hablando de una dieta vegetariana, claro. Llena el plato de hortalizas, frutas y cereales y vivirás eternamente.

—¿Es posible eso?

—Muchos de los sabios habían superado la barrera de los cien y no mostraban signos de decaimiento. La semana pasada leí en el periódico un artículo sobre una pequeña comunidad que vive en la diminuta isla de Okinawa, en el mar de China. A los investigadores les fascina el hecho de que en ella vive la mayor concentración de centenarios de todo el mundo.

—¿Y qué han averiguado?

—Que uno de los secretos de su longevidad es la dieta vegetariana.

—¿Tan sano es eso? No parece que pueda aportar demasiada fuerza. Recuerda, Julián, que yo todavía soy un abogado con muchísimo trabajo.

—Es la dieta pensada por la naturaleza. Es vital y extraordinariamente saludable. Los sabios llevan viviendo así desde hace miles de años. Ellos lo llaman *sattvic*, o dieta pura. Y en cuanto al tema de la fortaleza, piensa que los animales más fuertes del planeta, llámense gorilas o elefantes, llevan la insignia del vegetariano. ¿Sabías que un gorila tiene treinta veces más fuerza que un hombre?

—Gracias por esa información tan sustancial.

—Mira, John, los sabios no eran gente extravagante. Toda su sabiduría se basaba en el antiquísimo principio de que «hay que vivir con moderación, huir siempre de los extremos». Si te gusta la carne, no hay problema en que sigas comiéndola. Pero recuerda que estás ingiriendo un alimento muerto. Si puedes, reduce al máximo la cantidad de carne roja. Cuesta mucho de digerir, y como el sistema digestivo es uno de los procesos que más energía consumen, valiosas reservas de energía son derrochadas innecesariamente por esa causa. ¿Ves adónde quiero ir a parar? Compara cómo te sientes después de comer un filete con la energía que tienes después de comer una ensalada. Si no quieres ser vegetariano estricto, al menos empieza a comer ensalada en cada comida, y fruta como postre. Incluso esto bastará para que tu vida física experimente un gran cambio.

—No es que parezca muy difícil —repliqué—. He oído hablar bastante sobre el poder de una dieta básicamente vegetariana. La semana pasada, Jenny me habló de un estudio hecho en Finlandia, donde se descubrió que un treinta y ocho por ciento de los nuevos vegetarianos afirmaban sentirse menos cansados y más despiertos tras sólo seis meses de ese nuevo régimen de vida. Debería acompañar siempre la comida con una ensalada. Viéndote a ti, Julián, puede que acabe comiendo sólo la ensalada.

—Pruébalo durante un mes y juzga los resultados. Te sentirás de fábula.

—De acuerdo. Si eso es bueno para los sabios, también lo será para mí. Prometo que lo probaré. No parece que cueste mucho esfuerzo, y además ya estoy un poco harto de encender la barbacoa cada noche.

—Si te ha cautivado el Ritual de la Nutrición, creo que te

encantará el cuarto. Se conoce como Ritual del Saber Abundante. Se centra en la idea del aprendizaje y la expansión de tus conocimientos por el bien de ti mismo y de cuantos te rodean.

—¿La vieja máxima de «saber es poder»?

—Algo más que eso, John. El saber es sólo poder en potencia. Para que ese poder se manifieste, debe ser aplicado. La mayoría de la gente sabe lo que debe hacer en cada situación, o en su vida. El problema es que no toma medidas coherentes y diarias para aplicar el saber y hacer realidad sus sueños. El Ritual del Saber Abundante consiste en convertirse en un alumno de la vida. Y, aún más importante, requiere que utilices lo que has aprendido en el aula de tu existencia.

—¿Qué hacían el yogui Raman y los demás sabios para poner en práctica este ritual?

—Tenían muchos subrituales que realizaban a diario como un tributo al del Saber Abundante. Una de las técnicas más importantes es también una de las más fáciles. Podrías empezar a practicarla hoy mismo.

—No me llevará mucho tiempo, ¿verdad?

Julián sonrió.

—Las técnicas, trucos y consejos que te estoy dando te harán una persona más productiva y eficaz. No seas derrochador en lo grande y mezquino en lo pequeño. Piensa en los que dicen que no tienen tiempo de hacer copias de seguridad en su ordenador porque están muy ocupados trabajando en ellos. Cuando esas máquinas se estropean y el trabajo de meses se pierde, entonces lamentan no haber invertido un rato al día en salvarlo. ¿Me entiendes?

—¿Definir mis prioridades?

—Exacto. Trata de no atar tu vida con las cadenas de tu horario de trabajo. Céntrate en las cosas que tu conciencia y tu corazón te dicen que hagas. Cuando inviertas en ti mismo y empieces a elevar tu mente, tu cuerpo y tu personalidad a los más altos niveles, te sentirás casi como si tuvieras dentro un navegante personal que te dice qué cosas has de hacer para obtener los mejores resultados. Ya no te preocupará el reloj, y empezarás a vivir de verdad.

—¿Y cuál era ese sencillo subritual que ibas a enseñarme? —pregunté.

—Lee regularmente. Leer media hora diaria puede hacer maravillas. Pero debo prevenirte: no leas cualquier cosa. Has de ser muy selectivo con lo que metes en el exuberante jardín de tu mente. Ha de ser algo inmensamente nutritivo; algo que sirva para perfeccionarte a ti mismo y a la calidad de tu vida.

—¿Qué leían los sabios?

—Pasaban muchas horas leyendo y releyendo las enseñanzas de sus antepasados. Devoraban este tipo de literatura filosófica. Todavía los recuerdo sentados en pequeñas sillas de bambú y leyendo sus libros curiosamente encuadernados, con la sonrisa sutil del esclarecimiento dibujada en sus labios. Fue en Sivana donde aprendí de verdad el poder de los libros y el principio de que un libro es el mejor amigo del sabio.

—Entonces ¿debo ponerme a leer todo libro bueno que caiga en mis manos?

—Sí y no. Yo nunca te diré que no leas todos los libros que puedas. Pero recuerda, hay libros para saborear, libros para masticar y, por último, libros para tragar enteros. Eso me lleva a un nuevo punto.

—Que tienes hambre.

—No, John. —Rió—. Sólo quiero decirte que para sacar todo el jugo a un gran libro debes estudiarlo, no sólo leerlo. Repásalo de arriba abajo como haces cuando lees los contratos de tus grandes clientes. Trabaja con él, sé uno con el libro. Los sabios leían muchos de los libros de su biblioteca hasta diez y quince veces. Los trataban como si fueran documentos sagrados de origen divino.

—Caray. ¿Tan importante es leer?

—Media hora diaria hará que rápidamente veas las enormes reservas de conocimiento que tienes a tu disposición. Si quieres ser mejor abogado, padre o amante, existen libros que te propulsan como un cohete en esa dirección. Todos los errores que puedas cometer en la vida han sido cometidos ya por quienes te precedieron. ¿Crees de veras que los desafíos a que te enfrentas son únicos?

—Nunca había pensado en eso, Julián. Pero entiendo lo que dices, y sé que tienes razón.

—Todos los problemas a que uno se enfrenta se han planteado ya anteriormente —afirmó Julián—. Es más, todas las respuestas y soluciones están impresas en las páginas de los libros. Busca los libros adecuados. Aprende cómo han hecho otros para manejar esos problemas que ahora se te plantean a ti. Aplica sus estrategias y las mejoras que vas a notar en tu vida te sorprenderán.

—¿A qué te refieres con los «libros adecuados»? —pregunté, percatándome de que la argumentación de Julián era excelente.

—Eso lo dejo a tu albedrío. Personalmente, y desde que he vuelto del Himalaya, paso gran parte del día leyendo biografías de hombres y mujeres que admiro.

—¿Puedes recomendarle algún título a un joven entusiasta? —pregunté con una sonrisa.

—Claro. Te encantará la biografía de Benjamin Franklin. Podrías sacar una buena dosis de ímpetu de la autobiografía de

Mahatma Gandhi. Te sugiero también que leas *Siddhartha*, de Hermann Hesse, la filosofía superpráctica de Marco Aurelio y algunas cosas de Séneca. No estaría mal que leyeras *Piensa y hazte rico*, Napoleon Hill. Yo lo leí la semana pasada y creo que es muy profundo.

—¡*Piensa y hazte rico*! —exclamé—. Pero yo creía que habías dejado todo eso a raíz de tu ataque. La verdad es que estoy asqueado de todos esos manuales para hacer dinero.

—Estoy de acuerdo —dijo Julián con todo el afecto y la paciencia de un sabio y cariñoso abuelo—. Yo también quisiera restituir su carácter ético a nuestra sociedad. Ese librito no es sobre ganar dinero sino sobre ganar vida. Seré el primero en decirte que no es igual ser rico que ser feliz. Yo he conocido la opulencia y sé de lo que hablo. *Piensa y hazte rico* trata de la abundancia, también la espiritual, y de cómo atraer hacia uno las cosas buenas. Quizá te convendría leerlo. Pero no quiero insistir.

—Perdona, Julián, no quería parecer un abogado agresivo —dije a modo de disculpa—. Supongo que a veces me dejo dominar por el mal genio. Otra cosa que necesito mejorar. Te agradezco mucho todo lo que me estás diciendo.

—Tranquilo. Lo que me interesa es que leas y no dejes de leer. ¿Quieres saber otra cosa interesante?

—¿Qué?

—No es lo que tú sacas de los libros lo que enriquece tanto; lo que al final cambiará tu vida es lo que los libros consigan sacar de ti. Mira, John, los libros en realidad no te enseñan nada nuevo. Los libros te ayudan a ver lo que ya está dentro de ti. El esclarecimiento consiste en eso. Después de mucho viajar y explorar, descubrí que he vuelto al punto donde empecé siendo un niño. Pero ahora me conozco a mí mismo, sé todo lo que soy o puedo ser.

—Entonces ¿el Ritual del Saber Abundante consiste en leer y en explorar la riqueza de información que está ahí?

—En parte. De momento lee media hora diaria. El resto vendrá por sí solo —dijo Julián con tono misterioso.

—Muy bien. ¿Cuál es el quinto ritual?

—Es el de la Reflexión Personal. Los sabios creían firmemente en el poder de la contemplación. Dedicando un tiempo a conocerte a ti mismo, conectarás con una dimensión de tu ser que desconocías.

—Suena muy profundo...

—Pues es de lo más práctico. Todos tenemos talentos dormidos en nuestro interior. Dedicando un tiempo a conocerlos, lo que hacemos es avivarlos. Sin embargo, la contemplación interior va todavía más allá. Con esta práctica serás más fuerte, más sabio y estarás en paz contigo mismo. Es muy gratificante.

—Todavía no veo clara la idea, Julián.

—Es lógico. También a mí me resultó rara la primera vez. Pero reducida a su versión más básica, la reflexión personal no es otra cosa que el hábito de pensar.

—¿Es que no pensamos todos? ¿No forma parte del ser humano?

—La mayoría de nosotros piensa, sí. El problema es que la gente piensa lo justo para sobrevivir. Con este ritual estoy hablando de pensar para prosperar. Cuando leas la biografía de Franklin verás a lo que me refiero. Cada tarde, tras un día de productivo trabajo, Franklin se retiraba a un rincón silencioso de su casa y reflexionaba sobre la jornada. Repasaba todos sus actos, si habían sido positivos y constructivos o, por el contrario, negativos. Sabiendo lo que hacía mal, podía tomar medidas para mejorar y avanzar por el camino del autodominio. Es lo mismo que hacían los sabios. Cada noche se retiraban al santuario de sus respectivas chozas y se sentaban a meditar. El yogui Raman llevaba incluso un inventario de sus actividades cotidianas.

—¿Qué clase de cosas escribía? —pregunté.

—Primero hacía una lista de todas sus actividades, desde el cuidado personal a su relación con los otros sabios y a sus incursiones al bosque en busca de leña y comida fresca. También anotaba los pensamientos que había tenido durante ese día en concreto.

—Pero eso es muy difícil. Yo casi no recuerdo lo que pensé hace cinco minutos, imagínate hace doce horas.

—La cosa cambia si practicas este ritual diariamente. Verás, todo el mundo puede conseguir los mismos resultados que yo. Cualquiera. El problema es que hay mucha gente que sufre de esa terrible enfermedad llamada *excusitis*.

—Creo que la tuve cuando era pequeño —dije, sabiendo perfectamente lo que mi sabio amigo estaba diciendo.

—¡No pongas más excusas y hazlo! —exclamó Julián con convicción.

—¿Hacer qué?

—Sentarte a pensar. Tomar el hábito de la introspección personal. Cuando terminaba la lista de lo que había hecho y pensado, el yogui Raman hacía una valoración completa en una columna aparte. Viendo por escrito sus actividades y pensamientos, se preguntaba si eran de naturaleza positiva. En ese caso, decidía seguir dedicando su energía a ellos, pues a la larga le reportarían grandes beneficios.

—¿Y si eran negativos?

—Entonces tomaba medidas claras para deshacerse de ellos.

—Un ejemplo no me vendría mal.

—¿Puede ser personal? —preguntó Julián.

—Claro, me encantará conocer alguno de tus más íntimos pensamientos —dije.

—En realidad estaba pensando en los tuyos.

Los dos nos echamos a reír como chiquillos.

—Está bien. Siempre te has salido con la tuya.

—Bueno. Repasemos algunas de las cosas que has hecho hoy. Anótalas en ese papel que hay sobre la mesita —pidió Julián.

Empecé a comprender que algo importante estaba a punto de ocurrir. Era la primera vez en años que me tomaba un poco de tiempo para reflexionar sobre las cosas que hacía y que pensaba. ¿Por qué no? A fin de cuentas, ¿cómo iba a perfeccionarme si aún no me había tomado la molestia de averiguar qué tenía que perfeccionar?

—¿Por dónde empiezo? —pregunté.

—Por lo que hiciste esta mañana y ve siguiendo. Anota lo más destacado, todavía tenemos mucho que hacer y quisiera volver a la fábula del yogui Raman dentro de un rato.

—Bien. Mi gallo electrónico me despertó a las seis y media —bromeé.

—Ponte serio y continúa —replicó Julián.

—De acuerdo. Me duché y afeité, agarré una galleta y me fui corriendo al trabajo.

—¿Qué hay de tu familia?

—Todos dormían. En fin, en cuanto llegué a la oficina, vi que mi cita de las siete y media llevaba allí esperando desde las siete, y ¡estaba furioso!

—¿Cuál fue tu reacción?

—Rebelarme, ¿qué iba a hacer, si no, dejar que me pisoteara?

—Mmm. Bueno. ¿Qué pasó después?

—La cosa fue de mal en peor. Llamaron de los juzgados para decir que el juez Wildabest quería verme en su despacho y

que si no estaba allí antes de diez minutos «rodarían cabezas».
Te acuerdas de Wildabest, ¿verdad? El que te declaró en rebel-
día cuando estacionaste tu Ferrari en su plaza de aparcamiento.
—Me reí a carcajadas.

—Tenías que sacar a relucir eso, ¿verdad? —replicó Julián,
revelando en su mirada un resto de aquel malicioso centelleo
por el que una vez se había hecho famoso.

—Bien, corrí hasta la audiencia y tuve una discusión con
uno de los secretarios. Cuando regresé a la oficina, me espera-
ban veintisiete mensajes telefónicos, todos con la etiqueta «urgente». ¿Sigo?

—Adelante.

—Ya de regreso, Jenny me llamó al coche y me pidió que pa-
rase en casa de su madre para recoger una de esas tartas que han
hecho célebre a mi suegra. El problema fue que cuando tomé la
salida para ir allí, me vi metido en uno de los atascos más impresionantes del siglo. Total, que allí estaba yo, en plena hora punta, con un calor de mil demonios, rabiando de estrés y sintiendo
que se me escapaba el tiempo.

—¿Cómo reaccionaste?

—Maldije el tráfico —dije con sinceridad—. De hecho me
puse a gritar dentro del coche. ¿Quieres saber qué dije?

—No creo que esas cosas puedan nutrir el jardín de mi
mente —respondió Julián con una sonrisa.

—Como fertilizante tal vez servirían.

—No, gracias. Podemos detenernos aquí. Reflexiona un
momento. Evidentemente, visto a posteriori, hay algunas cosas
que habrías hecho de otra manera si hubieras tenido ocasión.

—Evidentemente.

—¿Como cuáles?

—Mmm. Bien, primero, en un mundo perfecto yo me levantaría más temprano. No creo que me esté haciendo ningún favor ir siempre a toda velocidad. Me gustaría tener un poco de paz por la mañana, para ir acomodándome al día poco a poco. Esa técnica del Corazón de la Rosa podría funcionar bien aquí. También me gustaría poder desayunar con el resto de la familia, aunque sólo fuera para compartir unos cereales. Me daría más sensación de equilibrio. Siempre tengo la impresión de que no paso tiempo suficiente con Jenny y los chicos.

—El mundo es perfecto, y tu vida también lo es. Tú tienes el poder de controlar tu jornada. Tú tienes el poder de pensar cosas buenas y positivas, el poder de vivir tus sueños —observó Julián, subiendo el tono de voz.

—Ahora empiezo a sentir que puedo cambiar.

—Estupendo. Sigue reflexionando sobre lo que hiciste hoy.

—Bien, ojalá no le hubiera gritado a mi cliente. Ojalá no hubiera discutido con el secretario y ojalá no le hubiera gritado al tráfico.

—Al tráfico no le importa, ¿verdad?

—Sigue siendo tráfico y nada más —dije.

—Creo que has comprendido el poder de la Reflexión Personal. Analizando lo que haces y en qué inviertes tu tiempo, estás estableciendo un baremo para medir tu perfeccionamiento. El único modo de mejorar mañana es saber qué has hecho mal hoy.

—¿Y meditar un plan definido para que eso no vuelva a pasar? —añadí.

—Ni más ni menos. Cometer errores no es nada malo. Forman parte de la vida y son esenciales para el crecimiento personal. Como en el dicho «la felicidad es fruto del buen criterio, el buen criterio es fruto de la experiencia, y la experiencia es fruto del mal criterio». Lo que sí es malo es cometer una y otra vez los mismos errores. Eso demuestra una falta de conciencia de sí mismo, la cualidad que precisamente distingue a los humanos de los animales. Sólo el ser humano es capaz de distanciarse de sí mismo y analizar lo bueno y lo malo de sus actos. Los perros no pueden. Los pájaros tampoco. Ni siquiera los monos. Pero tú sí puedes. En eso consiste precisamente el Ritual de la Reflexión Personal. Averigua lo que está bien y lo que está mal en tu vida. Y luego trata de hacer mejoras.

—Son muchas cosas en que pensar, Julián —dije.

—El sexto ritual se llama Ritual del Despertar Anticipado.

—Ajá. Creo que ya sé lo que viene ahora.

—Uno de los mejores consejos que recibí en aquel remoto paraíso de Sivana fue levantarme con el sol y empezar bien el día. En general dormimos más de lo necesario. Por término medio, una persona puede pasar con seis horas de sueño y estar perfectamente sana. En realidad, dormir no es más que un hábito y, como cualquier otro hábito, tú puedes entrenarte para conseguir el resultado que buscas: en este caso, dormir menos.

—Es que si me levanto antes, me siento cansadísimo —dije.

—Los primeros días estarás muy cansado, no lo voy a negar. Puede que incluso te sientas así toda una semana. Mira, tómalo como una pequeña dosis de molestia a cambio de un beneficio a largo plazo. Siempre sentirás cierta incomodidad cuando intentes establecer un nuevo hábito. Es como estrenar unos zapatos nuevos: al principio cuesta llevarlos, pero pronto te sientes cómodo con ellos. Como te he dicho antes, el dolor suele preceder a todo desarrollo personal. No lo temas, al contrario.

—Está bien, me gusta la idea de procurar despertarme antes. Pero ¿qué significa ese «antes»?

—Otra buena pregunta. No existe un momento ideal. Como todo lo que te he dicho hasta ahora, haz lo que creas correcto. Y recuerda la advertencia del yogui Raman: «Huir de los extremos, moderación ante todo.»

—Levantarse con el sol me parece exagerado.

—Pues no lo es. Pocas cosas hay más naturales que levantarse cuando despunta el día. Los sabios creían que el sol era un regalo del cielo y, si bien procuraban no exponerse demasiado, tomaban regularmente el sol e incluso podías verlos a menudo bailando alegremente en la primera luz de la mañana. Yo creo que ésta es otra de las claves de su longevidad.

—¿Tú tomas el sol? —pregunté.

—Por supuesto. El sol me rejuvenece. Cuando estoy cansado, el sol me pone de buen humor. En la antigua cultura oriental, se creía que el sol estaba relacionado con el alma. La gente lo adoraba pues hacía que crecieran sus cultivos. Los rayos del sol liberan tu vitalidad y renuevan tu dinamismo emocional y físico. Es un remedio buenísimo, siempre que lo tomes con moderación. Vaya, me estoy apartando del tema. La clave está en despertarse temprano cada día.

—Mmm. ¿Y cómo introduzco este hábito en mi rutina diaria?

—Te daré un par de consejos. En primer lugar, no olvides que lo que cuenta es la calidad del sueño, no la cantidad. Es mejor dormir seis horas seguidas profundamente, que diez horas dando vueltas en la cama. Se trata de proporcionar a tu cuerpo el descanso necesario para que sus procesos naturales puedan restaurar tu dimensión física a su estado natural de salud, un estado que sufre las consecuencias del estrés diario. Muchos de los hábitos de los sabios se basan en el principio de que lo importante es descansar bien, no dormir mucho. Por ejemplo, el yogui Raman nunca comía después de las ocho de la tarde. Decía que la subsiguiente actividad digestiva podía reducir la calidad de su sueño. Otro ejemplo era el hábito de meditar al son de sus arpas inmediatamente antes de irse a acostar.

—¿Qué sentido tenía hacerlo?

—Deja que te haga una pregunta. ¿Qué haces tú antes de irte a dormir?

—Veo las noticias con Jenny, como la mayoría de la gente que conozco.

—Me lo imaginaba —dijo Julián con un misterioso destello en sus ojos.

—No lo entiendo. ¿Qué hay de malo en ponerse un poco al día antes de acostarse?

—Los diez minutos previos a acostarse y los diez minutos siguientes al despertar influyen mucho en tu subconsciente. En esos momentos tu mente debería estar programada con pensamientos serenos e inspiradores.

—Hablas como si la mente fuese un ordenador.

—Pues no vas desencaminado; lo que introduces es lo que obtienes después. Lo más importante es que el programador eres tú y nadie más. Determinando los pensamientos que entran en tu mente estás determinando lo que saldrá. Antes de ir a acostarte, no mires las noticias ni discutas con nadie ni repases mentalmente los acontecimientos del día. Relájate. Toma una infusión, si quieres. Escucha algo de música clásica suave y disponte a dejarte llevar por un sueño reparador.

—Entiendo. Cuanto mejor duerma, menos horas de sueño necesitaré.

—Exacto. Y no olvides la Regla del Veintiuno: si haces algo durante veintiún días seguidos, se convertirá en un hábito. Así pues, aguanta tres semanas levantándote temprano antes de rendirte porque resulta demasiado incómodo. Para entonces ya será una cosa habitual. Dentro de poco tiempo podrás levantarte tranquilamente a las cinco y media o incluso a las cinco, dispuesto a saborear el esplendor de un día glorioso.

—De acuerdo, pongamos que me levanto cada día a las cinco y media. ¿Qué hago entonces?

—Tus preguntas demuestran que piensas, amigo mío. Te lo agradezco. Una vez en pie, hay muchas cosas que puedes hacer. El principio fundamental que debes tener presente es la importancia de empezar el día bien. Como te sugería, lo que piensas y lo que haces en los diez primeros minutos del día tiene un pronunciado efecto en el resto de la jornada.

—¿En serio?

—Desde luego. Piensa cosas positivas. Ofrece una oración de gracias por todo lo que tienes. Trabaja tu lista de gratitudes. Escucha buena música. Ve salir el sol o, si te apetece, ve a dar un corto paseo en un entorno natural. Los sabios se echaban a reír sólo para sentir cómo fluían cada mañana los «jugos de la felicidad».

—Julián, hago todo lo posible por asimilar tus enseñanzas, y creo que estarás de acuerdo en que no lo hago mal para ser un novato. Pero eso suena muy extraño, incluso para un grupo de monjes perdidos en el Himalaya.

—Pero no lo es. Adivina cuántas veces se ríe por término medio un niño de cuatro años.

—Vete tú a saber.

—Yo lo sé. Trescientas. Ahora adivina cuántas veces se ríe por término medio un adulto en nuestra sociedad durante un día.

—¿Cincuenta?

—Más bien quince —dijo Julián, sonriendo satisfecho—. ¿Entiendes ahora? Reír es una medicina para el alma. Aunque no tengas ganas, mírate al espejo y ríe durante un par de minutos. Te sentirás de fábula, te lo aseguro. William James dijo: «No reímos porque seamos felices. Somos felices porque reímos.» Así que empieza el día con buen pie. Ríe, juega y da gracias por todo lo que tienes. De este modo cada día estará lleno de exquisitas recompensas.

—¿Qué hay que hacer para empezar con buen pie?

—En realidad, yo he desarrollado una rutina matinal bastante sofisticada donde entra de todo, desde el Corazón de la Rosa a tomar un par de vasos de zumo recién exprimido. Pero hay una estrategia en concreto que me gustaría compartir contigo.

—Debe de ser importante.

—En efecto. Poco después de levantarte, ve a tu santuario de silencio. Concéntrate. Luego hazte esta pregunta: ¿qué haría hoy si fuera mi último día? La clave está en comprender el verdadero significado de la pregunta. Haz una lista mental de las cosas que harías, la gente a la que llamarías y los momentos que te gustaría saborear. Imagínate haciendo estas cosas con gran energía. Visualiza cómo tratarías a tu familia y a tus amigos. Piensa incluso cómo tratarías a un perfecto desconocido si fuera tu último día en este planeta. Como he dicho antes, si vives cada día como si fuera el último, tu vida adopta una calidad mágica. Y esto me lleva al séptimo de los rituales de la Vida Radiante: el Ritual de la Música.

—Creo que éste me va a gustar —dije.

—No me cabe duda. A los sabios les encantaba la música. Los estimulaba igual que el sol. La música los hacía reír, bailar y cantar. Lo mismo sirve en tu caso. Jamás olvides el poder de la música. Invierte un poco de tiempo cada día, aunque sea sólo escuchar alguna pieza suave mientras vas en coche al trabajo. Cuando te sientas decaído o cansado, pon un poco de música. Es uno de los mejores motivadores que conozco.

—¡Aparte de ti! —exclamé—. Nada más escucharte ya me siento de maravilla. Realmente has cambiado, Julián, y no sólo externamente. Tu antiguo cinismo ha desaparecido. Lo mismo que tu negatividad y tu agresividad. Das la impresión de estar realmente en paz contigo mismo. Esta noche me has conmovido.

—¡Espera, todavía hay más! —exclamó Julián levantando un puño—. Sigamos.

—Adelante.

—Muy bien. El octavo ritual es el de la Palabra Hablada. Los sabios tenían una serie de mantras que recitaban mañana, tarde y noche. Me decían que esta práctica era muy efectiva para mantenerse concentrado, fuerte y feliz.

—¿Qué es un mantra?

—Una serie de palabras unidas para crear un efecto positivo. En sánscrito, *man*, significa «mente» y *tra* «liberar». Por lo tanto, mantra es una frase pensada para liberar la mente. Y créeme, John, los mantras logran su objetivo de una manera poderosa.

—¿Utilizas mantras en tu rutina diaria?

—Desde luego. Son mis fieles compañeros allá donde voy. Tanto si voy en autobús como si camino hacia la biblioteca o contemplo el mundo sentado en un parque, los mantras me sirven para afirmar todo lo bueno que hay en mi mundo.

—Entonces son hablados.

—No forzosamente. Las afirmaciones escritas también son muy efectivas. Pero he comprobado que repetir un mantra en voz alta tiene un efecto maravilloso sobre mi espíritu. Cuando necesito sentirme motivado, puedo repetir una frase dos o trescientas veces. Por ejemplo, para mantener la sensación de autoconfianza que he venido cultivando, repito: «Soy fuerte, capaz y tranquilo.» También utilizo mantras para mantenerme joven y vital —admitió Julián.

—¿Un mantra para mantenerse joven?

—Las palabras afectan profundamente a la mente. Sean habladas o escritas, su influjo es muy poderoso. Aunque lo que dices a los demás es importante, lo es más lo que te dices a ti mismo.

—¿Una especie de monólogo?

—En cierto modo. Tú eres eso que piensas todo el día. Eres también lo que te dices a ti mismo todo el día. Si dices que estás viejo y cansado, este mantra se manifestará en tu realidad exterior. Si dices que eres débil y careces de entusiasmo, así será tu mundo. Pero si dices que eres sano, dinámico y pleno de vida, tu vida cambiará radicalmente. Las palabras que te dices a ti mismo afectan a tu autoimagen y ésta determina qué medidas tomas. Por ejemplo, si tu autoimagen es la de una persona que carece de confianza para hacer algo valioso, sólo podrás hacer cosas que se avengan a este rasgo. Por el contrario, si tu autoimagen es la de un individuo radiante que no le teme a nada, tus actos, una vez más, se corresponderán con esta característica. La autoimagen es una especie de profecía que se cumple por sí sola.

—Explícate.

—Si crees que eres incapaz de hacer algo, pongamos encontrar ese socio perfecto o vivir sin estrés, tus creencias afectarán tu autoimagen. Del mismo modo, tu autoimagen te impedirá dar los pasos necesarios para encontrar al socio perfecto o procurarte una vida de serenidad. De hecho, saboteará cualquier esfuerzo que puedas hacer en ese sentido.

—¿Por qué funciona así?

—Muy sencillo. Tu autoimagen es una especie de gobernador, jamás te dejará actuar de un modo que no concuerde con ella. Lo bonito es que tú puedes cambiar tu autoimagen como puedes cambiar todo lo demás. Los mantras son un método ideal para lograrlo.

—Y cuando cambio mi mundo interior, cambio también mi mundo exterior —dije.

—Aprendes muy deprisa —repuso Julián, haciendo la señal del pulgar levantado como en sus tiempos de estrella de la abogacía—. Eso nos lleva al noveno ritual de la Vida Radiante. Se llama el Ritual del Carácter Congruente. Viene a ser una derivación del concepto de autoimagen que comentábamos antes. En pocas palabras, este ritual exige que tomes medidas adicionales para fraguar tu carácter. Fortalecer tu personalidad afecta a tu forma de verte y a tus actos. Esos actos, unidos, forman tus hábitos, y tus hábitos son los que te conducen a tu destino. El yogui Raman lo expresó mejor cuando dijo: «Siembras un pensamiento, cosechas una acción. Cosechas una acción, siembras un hábito. Siembras un hábito, cosechas un carácter. Siembras un carácter, cosechas un destino.»

—¿Qué cosas debería hacer para fraguar mi carácter?

—Todo lo que cultive tus virtudes. Antes de que me preguntes qué quiero decir con «virtudes», deja que te aclare el concepto. Los sabios del Himalaya estaban convencidos de que una vida virtuosa era una vida con sentido. En consecuencia, regían todos sus actos por una serie de principios imperecederos.

—Creí que habías dicho que se regían por un propósito —objeté.

—Sí, y así es, pero la vocación de su vida incluía una manera de vivir congruente con estos principios, los mismos que sus antepasados habían atesorado a lo largo de miles de años.

—¿Cuáles son esos principios, Julián?

—Laboriosidad, compasión, humildad, paciencia, honestidad y coraje. Cuando todos tus actos sean congruentes con estos principios, sentirás una profunda sensación de armonía y paz interiores. Vivir así conducirá inevitablemente a tu éxito espiritual. ¿Por qué? Porque estarás haciendo lo correcto. Tus actos estarán en concordancia con las leyes de la naturaleza y del universo. Es entonces cuando empiezas a beneficiarte de la energía de esa otra dimensión, llámalo poder superior, si quieres. También es entonces cuando tu vida se adentra en el reino de lo extraordinario y empiezas a experimentar lo sagrado de tu existencia. Es el primer paso para un esclarecimiento duradero.

—¿Tú has pasado por esa experiencia? —pregunté.

—Sí, y estoy seguro de que tú lo lograrás. Obra de manera congruente con tu verdadera personalidad. Obra con integridad. Déjate guiar por tu corazón. Lo demás vendrá por sí mismo. Nunca estás solo, John.

—¿Qué quieres decir?

—Te lo explicaré en otro momento. Por ahora, recuerda que debes hacer pequeñas cosas cada día para fraguar tu carácter. Como dijo Emerson: «El carácter es siempre superior al intelecto.» Tu carácter se fragua cuando obras de un modo acorde con los principios que he mencionado antes. Si no lo haces así, la verdadera felicidad se te escapará de las manos.

—¿Y el último ritual?

—Es el importantísimo Ritual de la Simplicidad, el que exige que vivas una vida sencilla. Como decía el yogui Raman, «no hay que vivir en el meollo de las cosas nimias. Concéntrate en tus prioridades, en esas actividades que tienen verdadero sentido. Tu vida será gratificante y excepcionalmente apacible. Te doy mi palabra».

»Tenía razón. En cuanto empecé a separar el grano de la paja, la armonía ocupó mi vida. Dejé de vivir al ritmo frenético a que ya me había acostumbrado. Dejé de vivir en el ojo del huracán. Lo que hice fue aflojar la marcha y dedicar un tiempo a aspirar la fragancia de las proverbiales rosas.

—¿Qué hiciste para cultivar la simplicidad?

—Dejé de usar ropa cara, abandoné mi adicción a leer seis periódicos al día, olvidé la necesidad de estar siempre disponible para todo el mundo, me volví vegetariano y comí menos. En resumidas cuentas, reduje mis necesidades. Mira, John, a menos que reduzcas tus necesidades nunca te sentirás satisfecho. Serás como aquel empedernido jugador de Las Vegas que siempre esperaba «sólo una vuelta más» de la ruleta con la esperanza de que apareciera su número de la suerte. Siempre querrás más. ¿Cómo vas a ser feliz así?

—Pero antes has dicho que la felicidad se consigue con la realización. Y ahora me dices que reduzca mis necesidades y me contente con menos. ¿No es paradójico?

—Muy bien expuesto, John. Puede parecer una contradicción, pero no lo es. La felicidad duradera viene, es cierto, de esforzarse en realizar tus sueños. Tu mejor momento es cuando te mueves hacia adelante. La clave está en no hipotecar tu felicidad en la búsqueda de ese elusivo Eldorado. Por ejemplo, aunque yo era multimillonario, me decía que el éxito para mí era tener trescientos millones de dólares en mi cuenta bancaria: una receta para el desastre.

—¿Trescientos millones? —pregunté boquiabierto.

—Ni más ni menos. Por consiguiente, por más dinero que tuviera, nunca estaba satisfecho. Nunca era feliz. En el fondo no era más que codicia. No tengo problema en admitirlo ahora. Era un poco como la historia del rey Midas.

—El hombre que amaba tanto el oro que llegó a rezar para que todo lo que él tocase se convirtiera en ese metal. Su deseo le fue concedido. Pero entonces el rey se dio cuenta de que no podía comer porque la comida se había vuelto de oro, y así sucesivamente.

—Exacto. En la misma línea, a mí me movía tanto el dinero que no sabía disfrutar de todo lo que tenía. Sabes, llegó un momento en que lo único que podía ingerir era pan y agua —dijo Julián con aire pensativo.

—¿Lo dices en serio? Siempre creí que comías en los mejores restaurantes y acompañado de famosos.

—Eso fue al principio. Poca gente lo sabe, pero mi ritmo de vida desequilibrado me provocó una úlcera. Era incapaz de comer una salchicha sin tener ganas de vomitar. ¡Figúrate! Con tanto dinero y sólo podía comer pan y agua. Era patético. —Julián se contuvo—. Pero ya no vivo en el pasado. Fue otra de las grandes lecciones de la vida. Como te he dicho antes, el dolor es un magnífico maestro. Para superar el dolor, tuve primero que experimentarlo. Sin él no estaría donde estoy ahora —dijo estoicamente.

—¿Alguna idea sobre lo que debería hacer para integrar en mi vida el Ritual de la Simplicidad? —pregunté.

—Puedes hacer muchas cosas. Incluso las más pequeñas son importantes.

—¿Por ejemplo?

—Deja de levantar el teléfono cada vez que suena, deja de malgastar el tiempo leyendo propaganda de buzón, deja de comer fuera tres veces por semana, renuncia a tu club de golf y pasa más tiempo con tus chicos, prescinde del reloj un día a la semana, ve salir el sol de vez en cuando, vende tu teléfono móvil y tira el busca a la basura. ¿Continúo? —preguntó retóricamente.

—Entiendo. Pero ¿vender el móvil? —pregunté nervioso, como un bebé ante la sugerencia de que le corten el cordón umbilical.

—Como te dije, mi misión es compartir contigo las enseñanzas que recibí durante mi viaje. No es preciso que apliques todas y cada una de las estrategias para que tu vida funcione. Prueba las técnicas y usa las que te parezcan mejor.

—Ya. Nada de extremismos, moderación ante todo.

—Exacto.

—Debo reconocer que cuanto me dices parece estupendo. Pero ¿estás seguro de que esas técnicas traerán consigo un cambio radical en sólo treinta días?

—Puede que con menos. O puede que más —dijo Julián, con su clásica mirada traviesa.

—Ya estamos otra vez. Explícate, oh, sabio.

—«Julián» es suficiente, aunque eso de «sabio» habría quedado muy bien en mi antiguo membrete —bromeó—. Digo que serán menos de treinta días porque el verdadero cambio es espontáneo.

—¿Espontáneo?

—Sí, es algo que pasa en un abrir y cerrar de ojos, desde el momento en que decides en el fondo de tu alma que vas a elevar tu vida al más alto nivel. A partir de ahí serás otra persona, estarás en la senda de tu destino.

—¿Y por qué más de treinta días?

—Yo te aseguro que, practicando estas técnicas, verás mejoras claras en el plazo de un mes a partir de ahora mismo. Tendrás más energía, menos preocupaciones, más creatividad y menos estrés en todos los aspectos de tu vida. No obstante, has de saber que los métodos de los sabios no son cosa de coser y cantar. Se trata de tradiciones antiquísimas pensadas para su aplicación cotidiana y para el resto de tu vida. Si dejas de emplearlas, irás cayendo paulatinamente en tus viejos hábitos.

Cuando Julián terminó de explicar los diez rituales de la Vida Radiante, hizo una pausa.

—Sé que quieres que siga, y eso voy a hacer. Estoy tan convencido de lo que te digo, que no me importa tenerte despierto toda la noche. Quizá sea el momento apropiado para ahondar un poco más.

—¿Qué quieres decir? Yo creo que todo lo que me has explicado es muy profundo —dije.

—Los secretos que he compartido contigo te permitirán a ti y a cuantos estén en contacto contigo crear la vida deseada. Lo que te he enseñado hasta ahora ha sido muy práctico. Pero debes saber algo acerca de la corriente espiritual que subyace a los principios que he bosquejado. Si no entiendes de qué hablo, no te preocupes de momento. Tómalo como es y ya lo irás asimilando más tarde.

—Cuando el alumno esté listo, aparecerá el maestro.

—Exactamente —dijo Julián sonriendo—. Siempre has aprendido deprisa.

—De acuerdo, oigamos la parte filosófica —dije, ajeno al hecho de que eran casi las dos y media de la madrugada.

—Dentro de ti están el sol, la luna, el cielo y todas las maravillas del universo. La inteligencia que creó esas maravillas es la misma fuerza que te creó a ti. Todo cuanto te rodea procede de la misma fuente. Todos somos uno.

—No sé si lo entiendo.

—Todos los seres que pueblan la tierra, todas las cosas que contiene, tienen un alma. Todas las almas fluyen hacia una sola, que es el Alma del Universo. Verás, John, cuando nutres tu mente y tu espíritu, en realidad estás alimentando el Alma del

Universo. Cuando te perfeccionas, estás perfeccionando las vidas de quienes te rodean. Y cuando tienes el coraje de avanzar con confianza en la dirección de tus sueños, empiezas a beneficiarte del poder del universo. Como te dije antes, la vida da lo que tú le pides. La vida siempre está escuchando.

—¿El autodominio y el *kaizen* me ayudarán a ayudar a otros?

—Algo así. En la medida en que enriquezcas tu mente, cuides tu cuerpo y alimentes tu espíritu, acabarás comprendiéndolo.

—Julián. Sé que tienes buenas intenciones. Pero el autodominio es un ideal bastante elevado para un hombre obeso como yo que ha pasado más tiempo desarrollando una clientela que desarrollando su propia persona. ¿Qué pasa si fracaso?

—El fracaso es no tener el coraje de intentarlo, ni más ni menos. Lo único que se interpone entre la gente y sus sueños es el miedo al fracaso. Sin embargo, el fracaso es esencial para triunfar. El fracaso nos pone a prueba y nos permite crecer. Nos guía, además, por el camino del esclarecimiento. Los maestros de Oriente dicen que cada flecha que da en la diana es el resultado de cien flechas erradas. Sacar partido de la pérdida es una ley fundamental de la naturaleza. No temas al fracaso. El fracaso es tu amigo.

—¿Convertirse al fracaso? —pregunté, incrédulo.

—El universo favorece a los valientes. Cuando decidas elevar tu vida a su más alto nivel, la fuerza de tu alma te guiará. El yogui Raman creía que el destino de cada uno está escrito desde el momento de nacer. Es un camino que conduce siempre a un lugar mágico lleno de valiosos tesoros. Cada individuo debe desarrollar el coraje necesario para avanzar por ese camino. Él me contó una historia aleccionadora.

»Una vez, en la antigua India, había un gigante malo que poseía un magnífico castillo con vistas al mar. Como el gigante había estado fuera muchos años guerreando, los niños del pueblo cercano solían ir a jugar al hermoso jardín del gigante. Un día, el gigante regresó y echó de su jardín a todos los niños. "¡No quiero veros más por aquí!", bufó mientras cerraba con estruendo la gran puerta de roble. Luego levantó un enorme muro de mármol en torno al jardín para que no entraran los niños. Llegó el invierno, con el frío que es habitual en las zonas septentrionales del subcontinente indio, y el gigante ansiaba que volviera el calor. La primavera iluminó el pueblo que había a los pies del castillo, pero las frías garras del invierno no abandonaron su jardín. Un día, el gigante percibió por fin las fragancias primaverales y notó que el sol entraba radiante por sus ventanas. "¡Por fin la primavera!", exclamó, corriendo al jardín. Pero no estaba preparado para lo que vio. Los niños del pueblo habían conseguido escalar la pared del castillo y estaban jugando en el jardín. Era debido a su presencia que el jardín se había transformado en un lugar exuberante poblado de rosas, margaritas y orquídeas. Todos los niños rieron de júbilo, excepto uno, que era mucho más bajo que los demás. Lloraba con desconsuelo pues no tenía fuerza suficiente para saltar el muro y jugar en el jardín. El gigante sintió lástima y, por primera vez en su vida, se arrepintió de su maldad. "Ayudaré a ese niño", dijo, corriendo hacia él. Cuando los otros lo vieron venir, huyeron del jardín temiendo por sus vidas. Pero el más pequeño se mantuvo firme. "Yo mataré al gigante. Defenderé nuestro lugar de recreo", dijo. Cuando el gigante se acercó al niño, abrió sus brazos y le dijo: "He venido a ayudarte a saltar el muro para que juegues en el jardín. A partir de ahora será tuyo." El niño, convertido en héroe, se sintió muy feliz y regaló al gigante el collar

EL VIEJO ARTE DEL AUTOLIDERAZGO

de oro que siempre llevaba al cuello. "Es mi amuleto de la suerte. Quiero que lo lleves tú", dijo. Desde aquel día, los niños jugaron con el gigante en el jardín del castillo. Pero aquel valiente muchacho, que era el preferido del ogro, ya no volvió. Con el tiempo, el gigante enfermó y se debilitó. Los niños seguían jugando en el jardín pero él ya no tenía fuerzas para estar con ellos. En aquellos días, el gigante no pensaba en nadie más que en aquel muchacho. Un día de invierno especialmente crudo, el gigante miró por su ventana y vio algo milagroso: aunque la mayor parte del jardín estaba cubierta de nieve, en mitad del mismo había un estupendo rosal rebosante de flores espectaculares. Junto a las rosas estaba el niño en quien el gigante había pensando tanto. El muchacho sonreía dulcemente. El gigante corrió a abrazar al muchacho. "¿Dónde has estado todos estos años, mi joven amigo? Te he echado muchísimo de menos." El muchacho dio una respuesta meditada: "Hace mucho tiempo me ayudaste a entrar en el jardín mágico. Ahora he venido para que entres tú en el mío." Más tarde, cuando los otros niños fueron a ver al gigante, lo hallaron inerme en el suelo. Estaba cubierto de pies a cabeza por millares de bellas rosas.

»Sé valiente, John, como aquel muchacho. Manténte firme y no pierdas de vista tus sueños. Ellos te conducirán a tu destino. Síguelo, y él te conducirá a las maravillas del universo. Y no pierdas de vista esas maravillas, pues ellas te conducirán a un jardín muy especial lleno de rosas.

Cuando miré a Julián para decirle que su historia me había conmovido profundamente, vi algo que me sobresaltó: aquel acerado gladiador de los tribunales que había pasado gran parte de su vida defendiendo a los ricos y los famosos se había echado a llorar.

155

Resumen de acción del capítulo 9
La sabiduría de Julián en pocas palabras

El símbolo:

La virtud: Practicar el *kaizen*

La enseñanza:

- El autodominio es el ADN del dominio de la vida
- El éxito empieza por dentro
- El esclarecimiento se logra mediante el cultivo constante de la mente, el cuerpo y el alma

Las técnicas:

- Hacer las cosas que nos dan miedo
- Los diez rituales de la Vida Radiante

Cita valiosa:

El universo favorece a los valientes. Cuando decidas elevar tu alma a su más alto nivel, la fuerza de tu alma te guiará a un lugar mágico repleto de valiosos tesoros.

DIEZ

El poder
de la disciplina

> Estoy convencido de que en este día somos dueños de
> nuestro destino, que la tarea que se nos ha impuesto no es su-
> perior a nuestras fuerzas, que sus acometidas no están por en-
> cima de lo que puedo soportar. Mientras tengamos fe en nues-
> tra causa y una indeclinable voluntad de vencer, la victoria
> estará a nuestro alcance.
>
> WINSTON CHURCHILL.

Julián siguió utilizando la fábula mística del yogui Raman
como piedra angular de las enseñanzas que estaba compartiendo conmigo. Yo sabía que el jardín de mi mente era una mina
de poder y potencialidad. Por el símbolo del faro, había aprendido la gran importancia de tener un propósito claro en la vida
y la efectividad de marcarse objetivos. Mediante el ejemplo del
luchador de sumo japonés, me había introducido en el concepto del *kaizen* y en los beneficios que se derivarían del autodominio. Pero ignoraba que lo mejor estaba por venir.

—Recordarás que nuestro amigo el voluminoso luchador
estaba desnudo.

—Sin contar el cable de alambre color de rosa que cubría
sus partes pudendas —repuse animadamente.

—Cierto —asintió Julián—. El cable rosa servirá para recordarte el poder de la disciplina cuando quieres forjarte una vida más plena, feliz y esclarecida. Los maestros de Sivana eran sin duda las personas más sanas, contentas y serenas que he conocido jamás. Pero también las más disciplinadas. Estos sabios me enseñaron que la virtud de la autodisciplina es como un cable de alambre. ¿Alguna vez te has parado a examinar un cable, John?

—No es que sea una de mis prioridades, la verdad —admití con una sonrisa.

—Hazlo cuando tengas ocasión. Verás que consiste en muchos y diminutos alambres puestos uno encima de otro. Cada alambre por sí solo es fino y frágil. Pero todos juntos suman mucho más que sus partes, de forma que el cable es más fuerte que el hierro. Algo similar ocurre con el autocontrol y la fuerza de voluntad. Para tener una voluntad de hierro es esencial ofrecer pequeños tributos a la virtud de la disciplina personal. Convertidos en algo rutinario, estos actos van aglutinándose hasta producir finalmente una gran fuerza interior. Hay un viejo proverbio africano que lo expresa mejor: «Varias telarañas unidas pueden atrapar a un león.» Si liberas tu fuerza de voluntad te conviertes en dueño de tu mundo personal. Cuando practiques continuamente el viejo arte del autodominio, no habrá obstáculo ni crisis que no puedas superar. La autodisciplina te proporcionará las reservas mentales requeridas para perseverar cuando la vida te ponga a prueba.

»Déjame prevenirte de una cosa: la falta de fuerza de voluntad es una enfermedad mental —añadió Julián—. Si padeces esta debilidad, procura ponerle solución cuanto antes. La abundancia de fuerza de voluntad y de disciplina es uno de los principales atributos de todos aquellos con carácter fuerte y una vida maravillosa. La fuerza de voluntad te permite hacer lo que dijiste que harías: levantarte a las cinco de la mañana para cultivar tu mente mediante la meditación. O alimentar tu espíritu con un paseo por el bosque cuando la cama te reclama en un frío día de invierno. Es la fuerza de voluntad lo que te permite contener la lengua cuando alguien te insulta o hace algo con lo que no estás de acuerdo, lo que impulsa tus sueños cuando las alternativas parecen estar en contra, lo que te da la fuerza interior para ser fiel a tus compromisos para con los demás y, sobre todo, para contigo mismo.

—¿De veras es tan importante?

—Es la virtud esencial de toda persona que se ha creado una vida llena de pasión, potencialidad y paz.

Julián sacó de su túnica un medallón de plata, de esos que se ven en una exposición sobre el Antiguo Egipto.

—No era necesario —bromeé.

—Los Sabios de Sivana me lo regalaron la última noche que pasé con ellos. Fue una jubilosa celebración entre miembros de una familia que vivía la vida al máximo. Fue también una de las noches más memorables, y más tristes, de mi vida. Yo no quería abandonar el nirvana de Sivana. Aquél era mi santuario, un oasis de cosas buenas. Los sabios se habían convertido en mis hermanos espirituales. Una parte de mi vida se quedó allá arriba, en el Himalaya.

—¿Qué dicen las palabras grabadas en el medallón?

—Te las leeré. No las olvides nunca, John. A mí me han ayudado mucho cuando la situación se ponía difícil. Rezo para que a ti también te consuelen en momentos de apuro. Escucha:

Mediante el acero de la disciplina, forjarás un carácter colmado de coraje y de paz. Mediante la virtud de la voluntad, estás destinado a alcanzar el más alto ideal de la vida y a vivir en una mansión celestial llena de cosas buenas, de vitalidad y alegría. Sin ello, estás perdido como un marino sin brújula, ese marino que al final se hunde con su barco.

—Nunca he pensado en la importancia del autodominio —admití—, aunque algunas veces sí he deseado ser más disciplinado. ¿Estás diciendo con esto que la disciplina se puede desarrollar igual que mi hijo mayor desarrolla sus bíceps en el gimnasio?

—La analogía es excelente. Tú pones en forma tu fuerza de voluntad como tu hijo pone en forma su musculatura. Cualquier persona, por más débil o aletargada que pueda estar ahora, puede ganar en disciplina en un plazo relativamente corto. Gandhi es un buen ejemplo. Cuando la gente piensa en este santo moderno suele recordar a un hombre que podía estar semanas sin comer y soportar tremendos dolores en aras de sus convicciones. Pero si estudias la vida de Gandhi, verás que no siempre fue un maestro del autodominio.

—No me dirás que Gandhi era adicto al chocolate, ¿verdad?

—Claro que no, John. En su época de abogado en Sudáfrica, era propenso a arranques y exabruptos, y las disciplinas del ayuno y la meditación le eran tan extrañas como el sencillo taparrabos blanco que al final se convirtió en su seña de identidad.

—¿Sugieres que con una buena mezcla de adiestramiento y preparación yo podría tener la misma fuerza de voluntad que Gandhi?

—Todos somos diferentes. Uno de los principios fundamentales que el yogui Raman me enseñó es que las personas realmente esclarecidas nunca buscan ser como otros, sino que persiguen ser superiores a su propio yo. No compitas con los demás. Compite contigo mismo —replicó Julián.

»Cuando tengas autodominio, dispondrás de fortaleza para hacer lo que siempre has querido hacer, tanto si es entrenarte para la maratón como si es dominar el arte del *rafting* o dejar la abogacía y dedicarte a la pintura. No te voy a juzgar, tus sueños son sólo tuyos. Sólo te digo que todas estas cosas estarán a tu alcance cuando cultives las reservas dormidas de tu fuerza de voluntad.

»Dotar a tu vida de autodominio y disciplina —añadió— te dará también una intensa sensación de libertad. Esto solo ya cambiará las cosas.

—¿A qué te refieres?

—La mayoría de las personas goza de independencia para ir a donde quiere y hacer las cosas que le gusta hacer. Pero muchas son esclavas de sus impulsos. Se han vuelto reactivas en vez de proactivas, esto es, son como la espuma del mar golpeando un acantilado, a merced de las mareas. Si están con la familia y alguien del trabajo telefonea diciendo que hay problemas, salen pitando de casa sin pensar qué actividad es más crucial para el conjunto de su bienestar y para el propósito de sus vidas. Después de lo que he observado en todos estos años, tanto aquí como en Oriente, digo que esas personas tienen autonomía pero carecen de libertad. Carecen del ingrediente clave para una vida llena de significado: la libertad para ver el bosque además de los árboles, la libertad de escoger lo que es justo por encima de lo que es apremiante.

Julián estaba en lo cierto. Por supuesto, yo no podía quejarme. Tenía una familia estupenda, una casa cómoda y un trabajo muy próspero. Pero realmente no podía afirmar que hubiese alcanzado la libertad. Mi busca era para mí un apéndice tan valioso como mi brazo derecho. Yo siempre iba corriendo. Nunca parecía tener tiempo suficiente para comunicarme con Jenny, y pensar en un rato de tranquilidad en un futuro próximo me parecía tan probable como pensar en ganar la maratón de Boston. Cuanto más lo pensaba, más comprendía que probablemente no había llegado a probar el néctar de la verdadera e ilimitada libertad. Supongo que era un esclavo de mis impulsos. Siempre hacía lo que los demás me decían que debía hacer.

—¿Y seré más libre a base de fuerza de voluntad?

—La libertad es como una casa: se construye ladrillo a ladrillo. El primer ladrillo que deberías poner es la fuerza de voluntad. Es la virtud que te inspira a hacer lo correcto en cada momento. Te da la energía para obrar con coraje. Te da el control para vivir la vida que has imaginado, en vez de aceptar la vida que llevas.

Julián apuntó también los beneficios prácticos que se derivarían de cultivar la disciplina.

—Lo creas o no, desarrollar el poder de tu voluntad puede borrar el hábito de preocuparte, mantener tu salud y darte más energía de la que has tenido nunca. Mira, John, el autodominio no es sino control de la mente. La voluntad es la reina de los poderes mentales. Cuando dominas tu mente dominas tu vida. Para dominar la mente hay que empezar siendo capaz de controlar todos y cada uno de los pensamientos. Cuando hayas desarrollado la habilidad de descartar todo pensamiento débil y centrarte sólo en los buenos y positivos, tu comportamiento será bueno y positivo. Pronto atraerás hacia tu vida las cosas que son buenas y positivas.

»Un ejemplo. Supongamos que uno de tus objetivos personales es levantarte cada mañana a las seis y salir a correr un poco por el parque cercano a tu casa. Supón que estamos en pleno invierno y que el despertador te saca de un sueño profundo y reparador. Tu primer impulso es apagarlo y seguir durmiendo. Bueno, ya irás a correr mañana. Esto se repite durante unos días hasta que decides que ya eres demasiado viejo para cambiar de hábitos y que el objetivo de ponerse en forma es poco realista.

—Me conoces muy bien —dije.

—Consideremos un guión distinto. Estamos aún en pleno invierno. Suena el despertador y tú piensas en quedarte acostado. Pero en lugar de someterte a tus hábitos, opones a éstos ideas más poderosas. Empiezas a imaginarte en perfecta forma física, y cómo afecta eso a tu aspecto y tu manera de sentir, de actuar. Oyes los cumplidos de tus colegas cuando pasas frente a ellos con tu cuerpo esbelto y atlético. Te concentras en aquello que puedes lograr con la energía que te proporciona un programa regular de ejercicios. Se acabaron las noches ante el televisor porque estás demasiado cansado para hacer cualquier otra cosa. Tu vida está llena de vitalidad, entusiasmo y significado.

—Pero imagina que lo hago y aún tengo ganas de seguir durmiendo en vez de salir a correr.

—Durante los primeros días te costará un poco, y sentirás ganas de volver a tus viejos hábitos. El yogui Raman tenía una fe ciega en uno de estos principios ancestrales: lo positivo siempre vence a lo negativo. Si continúas rechazando los pensamientos débiles que con los años pueden haberse colado en el palacio de tu mente, al final verán que no son bienvenidos y su única opción será marcharse.

—¿Estás diciendo que los pensamientos son entes físicos?

—Sí, y están bajo tu control. Es tan fácil tener pensamientos positivos como tenerlos negativos.

—Pero entonces ¿por qué tanta gente se preocupa y sólo piensa en la información negativa que el mundo nos da?

—Porque no han aprendido el arte del autocontrol y el pensamiento disciplinado. Las personas con las que he hablado no tienen, en su mayoría, la menor idea de que poseen el poder de controlar todas y cada una de las cosas que piensan, en cada momento de cada día de sus vidas. Creen que los pensamientos ocurren y basta, jamás han reparado en que si no te das tiempo para controlarlos, tus pensamientos te dominarán. Cuando empieces a concentrarte sólo en pensamientos positivos, rechazando los negativos a fuerza de voluntad, te aseguro que los pensamientos malos se marchitarán enseguida.

—Entonces, si quiero ser capaz de levantarme temprano, comer menos, leer más, preocuparme menos, ser más paciente o ser más afectuoso, ¿lo único que he de hacer es emplear la fuerza de voluntad para limpiar mis pensamientos?

—El que controla sus pensamientos, controla su mente. El que controla su mente, controla su vida. Cuando alcanzas la fase de controlar totalmente tu vida, te conviertes en dueño y señor de tu destino.

Yo necesitaba oír eso. En el transcurso de aquella extraña pero inspiradora velada yo había pasado de ser un escéptico que analizaba escrupulosamente a un abogado de campanillas convertido en yogui a ser un creyente cuyos ojos se habían abierto por primera vez en su vida. Deseé que Jenny lo hubiera escuchado todo. En realidad, deseé que también mis hijos hubieran sido partícipes de aquella sabiduría. Sospechaba que les habría afectado igual que a mí. Yo siempre había querido ser un mejor padre de familia y vivir de forma más plena, pero siempre había estado ocupado en sofocar esos fuegos de la vida que tan apremiantes me parecían. Podía tratarse de una debilidad, una falta de autodominio. La incapacidad de ver el bosque por culpa de los árboles, tal vez. La vida pasaba muy rápidamente. Me parecía ayer cuando yo estudiaba leyes, lleno de entusiasmo y energía juveniles. Soñaba con ser un político importante o incluso un juez del tribunal supremo. Pero a medida que transcurrían los años me dejé llevar por la rutina. Incluso cuando era un abogado altanero, Julián solía decirme que «la complacencia mata». Cuanto más pensaba en ello, más me percataba de que había perdido mi avidez. Esto ya no era avidez por tener una casa más grande o un coche más veloz, sino la de vivir con más significado, con más alegría y con más satisfacción.

Empecé a discurrir mientras Julián seguía hablando. Ajeno a lo que me estaba diciendo ahora, me vi primero como un hombre de cincuenta o sesenta años. ¿Estaría trabajando de lo mismo y luchando con las mismas cosas en esa etapa de mi vida? Me temí que sí. Yo siempre había querido contribuir al mundo de alguna manera, y no lo estaba haciendo. Creo que fue entonces, con Julián sentado cerca de mí en el suelo de mi sala de estar en esa calurosa noche de julio, cuando cambié. Los japoneses lo llaman *satori*, que significa «despertar instantáneo», y eso fue exactamente para mí. Tomé la decisión de realizar mis sueños y hacer de mi vida mucho más de lo que había sido hasta entonces. Ahí fue cuando saboreé por primera vez la auténtica libertad, la que se desprende de decidir que uno toma las riendas de su vida y de todos los elementos que la constituyen.

—Te daré una fórmula para desarrollar la fuerza de voluntad —dijo Julián, sin saber la transformación interior que yo acababa de experimentar—. El conocimiento sin las herramientas adecuadas para aplicarlo no es conocimiento. Cada día, mientras vas andando al trabajo, quisiera que repitieses unas pocas palabras.

—¿Es uno de esos mantras que mencionabas antes? —pregunté.

—Así es. Un mantra cuya existencia se remonta a más de cinco mil años, aunque sólo el pequeño grupo de Sivana tiene conocimiento del mismo. El yogui Raman me dijo que repitiéndolo yo desarrollaría en poco tiempo el autodominio y una voluntad indomable. Recuerda que las palabras tienen una gran influencia. Las palabras son la encarnación verbal del poder. Si llenas tu mente de palabras buenas, te vuelves bondadoso. Si llenas tu mente de pensamientos de coraje, te vuelves valeroso. Las palabras tienen poder.

—Lo sé.

—Éste es el mantra que te sugiero repitas al menos treinta veces al día: «Soy más de lo que aparento, toda la fuerza y el poder del mundo están en mi interior.» Verás cambios profundos en tu vida. Para conseguir resultados más inmediatos, mezcla este mantra con la práctica de la visualización creativa. Por ejemplo, busca un lugar tranquilo. Siéntate con los ojos cerrados. No dejes que tu mente se extravíe. Mantén el cuerpo inmóvil, pues el síntoma más claro de una mente débil es un cuerpo incapaz de descansar. Repite el mantra en voz alta, una y otra vez. Mientras lo haces, imagínate como una persona disciplinada y resuelta, con absoluto control de tu mente, cuerpo y espíritu. Imagínate obrando como hubieran obrado Gandhi o la Madre Teresa de Calcuta ante una situación difícil. Ten por seguro que los resultados serán sorprendentes.

—¿Ya está? —pregunté, sorprendido por la aparente simplicidad de la fórmula propuesta—. ¿Podré echar mano de las reservas de mi fuerza de voluntad practicando este simple ejercicio?

—Es una técnica que los maestros espirituales de Oriente

han enseñado desde hace siglos. Si sigue en vigor es porque funciona. Como siempre, juzga por los resultados. Si te interesa, hay un par de ejercicios más para liberar la fuerza de voluntad y cultivar la disciplina interior. Pero te advierto que al principio podrán parecerte extraños.

—Oye, Julián, estoy fascinado por lo que me cuentas. No te detengas ahora.

—Bien. Lo primero es empezar haciendo las cosas que no te gustan. Puede ser algo tan simple como hacerte la cama cada mañana o ir al trabajo andando y no en coche. Habituándote a ejercitar tu voluntad, dejarás de ser un esclavo de tus impulsos más débiles.

—¿Evitar la atrofia?

—Exactamente. Para aumentar la fuerza de voluntad y la fortaleza interior primero debes ponerlas en práctica. Cuanto más ejercites el embrión de la autodisciplina, más rápidamente madurará y te dará los resultados que deseas obtener. El segundo ejercicio es uno de los favoritos del yogui Raman. Solía pasarse un día entero sin hablar, salvo para responder a preguntas directas.

—¿Una especie de voto de silencio?

—En realidad no era otra cosa, John. Los monjes tibetanos que popularizaron esta práctica creían que estar callado durante un período largo de tiempo tenía el efecto de reforzar la propia disciplina.

—Pero ¿cómo?

—Guardando silencio durante un día, lo que haces básicamente es condicionar tu voluntad para que haga lo que tú le ordenes. Cada vez que surge la necesidad de hablar, refrenas ese impulso y te quedas callado. Tu voluntad no tiene una mente propia. Espera a que tú le des instrucciones que la hagan ponerse en movimiento. Cuanto más control ejerces sobre ella, más poderosa puede llegar a ser. El problema es que la mayoría de la gente no utiliza su fuerza de voluntad.

—¿Y por qué?

—Probablemente porque la mayoría de la gente cree no tener esa fuerza. Culpan a todo y a todos, salvo a ellos mismos, de esta aparente debilidad. Los que tienen muy mal genio dicen que no lo pueden evitar, que su padre era igual. Los que se preocupan demasiado dicen que no es culpa suya, que tiene un trabajo muy estresante. Los que duermen más de la cuenta dicen que su cuerpo lo necesita. Todas estas personas carecen de la responsabilidad que es el producto de conocer el extraordinario potencial que todos tenemos en nuestro interior, esperando un motivo para pasar a la acción. Cuando conozcas a fondo las leyes de la naturaleza, las que gobiernan el funcionamiento del universo y de todas sus criaturas, sabrás también que tienes el derecho natural a ser todo aquello que puedes ser. Tú posees la fuerza para ser más que tu entorno. Del mismo modo, tienes la capacidad de ser algo más que un prisionero de tu pasado. Para hacerlo, debes convertirte en dueño de tu voluntad.

—Suena complicado.

—En realidad, es un concepto práctico. Imagina lo que podrías llegar a hacer si doblaras o triplicaras la fuerza de voluntad que tienes actualmente. Podrías iniciar ese programa de ejercicios con el que sueñas hace tiempo, podrías ser mucho más eficaz con tu tiempo, podrías borrar el hábito de preocuparte, o podrías ser el marido ideal. Usar tu voluntad te permite reavivar la energía vital que dices haber perdido.

—Resumiendo, el quid de la cuestión estaría en utilizar mi voluntad de manera regular.

—Así es. Decídete a hacer las cosas que deberías hacer, en

lugar de seguir el camino del mínimo esfuerzo. Empieza a combatir la fuerza gravitatoria de tus malos hábitos del mismo modo que un cohete espacial supera la fuerza de la gravedad para entrar en el cosmos. Ponte a prueba y verás lo que sucede en cuestión de semanas.

—¿Ayudará el mantra?

—Sí. Repetir ese mantra que te he dado, junto con la práctica diaria de verte como tú deseas ser, te servirá de apoyo a medida que vayas creando esa vida disciplinada que te conecta con tus sueños. Y no es preciso que lo cambies todo en un día. Empieza por lo pequeño, has de dar el primer paso. Vamos creciendo de manera paulatina. Entrenarte a levantarte una hora antes y no perder ese maravilloso hábito reforzará la confianza en ti mismo y te servirá de inspiración para alcanzar cotas más altas.

—No veo la relación —confesé.

—Pequeñas victorias conducen a grandes victorias. Para alcanzar lo grande debes reforzar antes lo pequeño. Siendo coherente con la decisión de levantarte más temprano, sentirás el placer y la satisfacción que da el realizar algo. Te has marcado una meta y la has conseguido. Eso sienta bien. El truco está en seguir subiendo el listón constantemente. Eso propiciará el mágico impulso que te motivará a seguir explorando tu infinito potencial. ¿Te gusta esquiar?

—Me encanta —dije—. Jenny y yo llevamos a los chicos a esquiar siempre que podemos, que no es muy a menudo.

—Bien. Piensa en lo que se siente cuando arrancas desde lo alto de la pista. Al principio vas despacio, pero al poco rato estás volando cuesta abajo como si el mañana no existiera. ¿Cierto?

—Yo soy un ninja esquiando. ¡Adoro la velocidad!

—¿Qué te impulsa a ir tan rápido?

—¿Mi físico aerodinámico? —bromeé.

—Ya. —Rió Julián—. La respuesta es el «ímpetu». Y el ímpetu es también el ingrediente necesario para la autodisciplina. Como decía antes, empieza poco a poco, ya sea levantándote más temprano, dando un corto paseo cada noche o simplemente apagando el televisor cuando sabes que ya tienes bastante. Estas pequeñas victorias crean ese ímpetu que te anima a dar pasos más largos en la senda de tu yo superior. En poco tiempo estarás haciendo cosas que jamás habías creído ser capaz de hacer, con un vigor y una energía que desconocías en ti. Es un proceso absolutamente delicioso, John. Y el cable color de rosa de la fábula mágica te recordará siempre el poder de tu voluntad.

Justo cuando Julián terminaba de revelar sus ideas sobre el tema de la disciplina, advertí los primeros rayos de sol asomando a la sala de estar. Va a ser un gran día, me dije. El primer día del resto de mi vida.

Resumen de acción del capítulo 10
La sabiduría de Julián en pocas palabras

El símbolo:

La virtud:

Vivir con disciplina

La enseñanza:

- La disciplina se logra realizando constantemente pequeños actos de coraje
- Para que madure el embrión de la autodisciplina hay que alimentarlo
- La fuerza de voluntad es la virtud esencial de una vida realizada

Las técnicas:

- Mantras / Visualización creativa
- El voto de silencio

Cita valiosa:

Rechaza los pensamientos débiles que se hayan colado en el palacio de tu mente; verán que no son bienvenidos y su única opción será marcharse.

ONCE

La más preciada
mercancía

Un tiempo bien organizado es la señal más clara de una
mente bien organizada.

SIR ISAAC PITMAN

—¿Sabes qué es lo gracioso de la vida? —me preguntó Julián.

—Dímelo tú.

—Que cuando la mayoría de la gente se da cuenta de lo que
realmente quiere y de cómo obtenerlo, suele ser demasiado tarde. Los jóvenes no saben, los viejos no pueden.

—¿Es ése el sentido del cronógrafo de la fábula?

—Sí. El luchador de sumo japonés con el cable color de
rosa que cubre sus partes resbala en un cronógrafo de oro que
alguien ha perdido en el hermoso jardín —me recordó Julián.

—Lo recuerdo muy bien —sonreí.

A estas alturas, me había dado cuenta de que la fábula mística del yogui Raman no era más que una serie de apuntes pen-
sados para enseñar a Julián los elementos de su filosofía de la
vida esclarecida, al tiempo que servían para ayudarle a recordar
cada paso. Se lo dije.

—Ah, el sexto sentido del abogado —replicó él con una sonrisa—. Tienes toda la razón. Los métodos de mis maestros me parecieron raros al principio, y yo me esforcé por comprender el significado del cuento como tú te preguntabas de qué estaba hablando cuando empecé a relatar la fábula. Pero te diré, John, que los siete elementos de la historia, desde el jardín y el luchador de sumo hasta las rosas amarillas y el camino de diamantes, que ahora pasaré a explicarte, sirven de poderosos recordatorios de lo que aprendí allá en Sivana. El jardín hace que me concentre en pensamientos inspiradores, el faro me recuerda que el propósito de la vida es una vida de propósito, el luchador de sumo me hace centrar en un autodescubrimiento constante, y el cable rosa me remite a las maravillas de la fuerza de voluntad. No pasa un día en que no piense en la fábula y reflexione sobre los principios que me enseñó el yogui Raman.

—¿Y qué representa exactamente el cronógrafo de oro?

—Es un símbolo de nuestra más importante mercancía: el tiempo.

—¿Y los pensamientos positivos, y el autodominio?

—Sin el tiempo no son nada. A los seis meses de mi llegada al delicioso retiro de Sivana, uno de los sabios vino a mi cabaña de rosas mientras yo estaba estudiando. Era una mujer llamada Divea, extraordinariamente hermosa, con unos cabellos negrísimos que le caían hasta la cintura. Con voz muy dulce y amable me dijo que ella era el miembro más joven de la comunidad. Me dijo también que venía a verme siguiendo instrucciones del yogui Raman, el cual le había explicado que yo era el mejor alumno que había tenido nunca.

»"Tal vez sea el dolor que sufriste en tu vida anterior lo que te permite abrazar nuestra sabiduría con el corazón tan abierto", dijo ella. "Por ser la más joven de la comunidad, se me ha pedido que te traiga un regalo de parte de todos nosotros. Te lo ofrecemos como muestra de respeto, por haber viajado desde tan lejos para aprender nuestra sabiduría. En ningún momento has ridiculizado nuestras tradiciones. Por consiguiente, aunque nos dejarás dentro de unas semanas, te consideramos uno de los nuestros. Ningún visitante ha recibido jamás lo que ahora voy a darte."

—¿Cuál fue el regalo? —pregunté.

—Divea sacó un objeto de su bolsa de algodón y me lo dio. Envuelto en una especie de papel muy aromático había algo que me sorprendió: un pequeño reloj de arena hecho con vidrio soplado y un taquito de madera de sándalo. Divea me dijo que cada uno de los sabios había recibido uno de aquellos instrumentos en su niñez. «Aunque no tenemos posesiones y nuestra vida es pura y simple, respetamos el tiempo y notamos su transcurso. Estos pequeños relojes nos sirven como recordatorio de nuestra mortalidad y de la importancia de vivir plenamente mientras avanzamos en el camino de nuestros propósitos.»

—¿Así que esos monjes perdidos en las cumbres del Himalaya respetaban el tiempo?

—Todos ellos comprendían perfectamente la importancia del tiempo. Todos habían desarrollado lo que yo llamo una «conciencia del tiempo». El tiempo se nos escurre de las manos como granitos de arena, y ya no vuelve. Quienes usan el tiempo sabiamente desde una edad temprana tienen la recompensa de una vida rica y productiva. Quienes jamás han conocido el principio de que «dominar el tiempo es dominar la vida» nunca llegarán a ser conscientes de su enorme potencial humano. El tiempo todo lo iguala. Tanto el rico como el desposeído, tanto el que vive en Texas como el que vive en Tokio, todos disponemos de los mismos días de veinticuatro horas. Lo que distingue a quienes viven una vida de excepción es el modo en que emplean el tiempo.

—Una vez oí decir a mi padre que la gente atareada es la única que tiene tiempo de sobra. ¿Tú qué opinas?

—Estoy de acuerdo. La gente productiva y atareada es muy eficaz con su tiempo; no le queda otro remedio si quiere sobrevivir. Ser bueno administrando el tiempo no significa volverse adicto al trabajo. Al contrario, dominar el tiempo te permite disponer de más tiempo para hacer las cosas que para ti tienen más significado. El dominio del tiempo conduce al dominio de la vida. Adminístralo bien. Y recuerda que es un recurso no renovable.

»Déjame ponerte un ejemplo. Supón que es lunes por la mañana y que tienes un montón de citas, reuniones y comparecencias. En vez de levantarte a las 6.30, tomar un café a toda prisa y salir pitando hacia el trabajo para pasarte el día con la lengua fuera, imagina que te tomas quince minutos la noche antes para planear tu jornada. O, más efectivo aún, supón que te tomas una hora de tu domingo para organizarte la semana. En tu agenda has anotado cuándo debes reunirte con tus clientes, cuándo te dedicarás a investigaciones legales y cuándo devolverás llamadas telefónicas. Es más, tus objetivos personales, sociales y espirituales para la semana también constan en tu agenda. Con este acto tan sencillo das equilibrio a tu vida. Asegurando los aspectos más vitales de tu vida en un programa diario, estás asegurando que la semana de trabajo, y tu vida, conserve su paz y su significado.

—No estarás sugiriendo que me tome un descanso en plena actividad para pasear por el parque o irme a meditar, ¿verdad?

—Naturalmente que sí. ¿Por qué te aferras tanto a las convenciones? ¿Por qué piensas que has de hacer lo que hacen los demás? Corre tu propia carrera, John. ¿Por qué no empiezas a trabajar una hora antes y así puedes ir a pasear a media mañana por ese hermoso parque que hay cerca de tu oficina? ¿O por qué no haces unas horas extra a principios de semana para terminar el viernes con tiempo de sobra para llevar a tus hijos al zoo? ¿O por qué no empiezas a trabajar en tu casa un par de días por semana y así ves más a tu familia? Sólo estoy diciendo que planifiques el trabajo y administres tu tiempo de manera creativa. Concéntrate en tus prioridades; las cosas más importantes de tu vida no deberían ser sacrificadas a las menos importantes. Y recuerda que quien fracasa en la planificación, planifica su fracaso. Anotando no sólo tus citas de trabajo sino también tus compromisos contigo mismo de leer, relajarte o escribir una carta de amor a tu esposa, serás mucho más productivo con tu tiempo. No olvides que el tiempo que empleas en enriquecer tus horas de asueto no es tiempo malgastado; eso hará que seas mucho más eficiente cuando estés trabajando. Deja de vivir en compartimientos estancos y entiende de una vez por todas que cuanto haces forma un todo indivisible. Tu comportamiento en casa afecta a tu comportamiento en el trabajo. Tu trato con la gente en la oficina afecta al trato que das a tu familia y tus amigos.

—De acuerdo, Julián, pero es que yo no tengo tiempo de descansar en mitad del día. De hecho, trabajo hasta la noche. Últimamente mi horario me tiene colapsado. —Noté un vahído en el estómago al pensar en la cantidad de trabajo que me esperaba.

—Estar ocupado no es excusa. La cuestión es: ¿qué es lo que te tiene tan ocupado? Una de las grandes reglas que aprendí de aquel viejo sabio es que el ochenta por ciento de los resultados que consigues en la vida viene de sólo el veinte por ciento de las actividades que ocupan tu tiempo. El yogui Raman lo llamaba «la vieja regla del Veinte».

—No te sigo.

—Bien. Volvamos a tu apretado lunes. De la mañana a la noche podrías emplear el tiempo haciendo muchas cosas, desde hablar por teléfono con clientes y redactar alegatos hasta leerle un cuento a tu hijo pequeño o jugar al ajedrez con tu mujer. ¿De acuerdo?

—Sí.

—Pero de los cientos de actividades a los que dedicas tu tiempo, sólo un veinte por ciento te dará resultados duraderos y reales. Sólo el veinte por ciento de lo que hagas tendrá influencia sobre la calidad de tu vida. Ésas son las actividades de «alto impacto». Por ejemplo, a diez años vista, ¿crees que todo el tiempo que habrás pasado chismorreando en un restaurante lleno de humo o viendo la televisión habrá servido para algo?

—No, supongo que no.

—Bien. Entonces estarás de acuerdo también en que hay ciertas actividades que sí interesan, y mucho.

—¿Quieres decir, por ejemplo, el tiempo invertido en mejorar mis conocimientos legales, en enriquecer mis relaciones con los clientes y en ser un abogado más eficiente?

—Sí, y el tiempo invertido en fomentar tu relación con Jenny y con los chicos. Tiempo invertido en estar en contacto con la naturaleza y agradecer todo lo que tienes la suerte de poseer. Tiempo invertido en renovar tu mente, tu cuerpo y tu espíritu. Son sólo algunas de las actividades de alto impacto que te permitirán diseñar la vida que mereces. Dirige todo tu tiempo a las actividades que interesan. La gente esclarecida se mueve por prioridades. Éste es el secreto del dominio del tiempo.

—Caray. ¿El yogui Raman te enseñó todo eso?

—Me he convertido en un estudiante de la vida. El yogui Raman fue sin duda un maestro maravilloso y yo no le olvidaré jamás. Pero todas esas lecciones que he aprendido en mis variadas experiencias se han unido ahora como piezas de un gran rompecabezas para mostrarme el camino hacia una vida mejor.

»Confío en que tú aprendas de mis primeros errores. Hay personas que aprenden de los errores ajenos. Éstos son los sabios. Otros piensan que las verdaderas enseñanzas vienen de la experiencia personal. Éstos soportan dolor e inquietudes innecesarias durante toda su vida.

Como abogado, había asistido a muchos seminarios sobre la organización del tiempo. Sin embargo, nunca había oído nada parecido a la filosofía de Julián. Organizar el tiempo no era simplemente algo en lo que uno pensaba en horas de trabajo y olvidaba después. Era más bien un sistema holístico que podía hacer más equilibradas y satisfactorias todas las facetas de mi vida, si lo aplicaba correctamente. Aprendí que planificando mi jornada y tomando el tiempo necesario para asegurar un uso equilibrado del mismo, no sólo iba a ser más productivo, sino también más feliz.

—Vaya, conque la vida es como una larga tira de beicon —tercié yo—. Para ser dueño de tu tiempo has de separar la grasa de la carne.

—Excelente. Estás en la onda. Y aunque mi faceta vegetariana me empuja a lo contrario, te diré que me encanta la analogía porque da justo en el clavo. Cuando empleas tu tiempo y tu preciosa energía en la carne, no te queda tiempo para malgastar en la grasa. En ese punto tu vida pasa del reino de lo ordinario a la exquisitez de lo extraordinario. Es ahí donde empiezas realmente a ser dueño de tu destino y las puertas del templo del esclarecimiento se abren de par en par.

»Eso me lleva a otra cuestión —prosiguió Julián—. No dejes que otros te roben tiempo. Cuídate de los ladrones de tiempo. Son esas personas que siempre te telefonean cuando acabas de acostar a tus hijos y te has apoltronado en tu butaca para leer una novela. Son las personas que tienen la costumbre de pasarse por tu oficina justo cuando acabas de encontrar unos minutos en mitad de un día caótico para descansar y pensar un poco. ¿Te suena todo esto?

—Como de costumbre, Julián, tienes toda la razón. Creo que siempre he sido demasiado cortés para pedirles que se fueran o no abrirles la puerta —dije.

—Con tu tiempo has de ser despiadado. Aprende a decir no. Tener el valor de decir no a las pequeñas cosas de la vida te dará fuerza para decir sí a las grandes cosas. Cierra tu despacho cuando necesites unas horas para trabajar en ese caso tan importante. Recuerda lo que te dije. No descuelgues el teléfono siempre que suene; el teléfono está ahí para servirte a ti, no a los demás. Curiosamente, la gente te respetará más cuando vea que eres una persona que valora su tiempo. Si ven que para ti el tiempo es precioso, ellos también lo valorarán.

—¿Qué me dices de la dilación? Muchas veces dejo a un lado lo que no me gusta hacer y me entretengo mirando propaganda de buzón u hojeando revistas. ¿Eso es matar el tiempo?

—Lo de «matar el tiempo», me parece una buena metáfora. Cierto, es humano hacer las cosas que nos gustan y eludir las que no nos gustan. Pero como te dije, las personas más productivas del mundo han cultivado el hábito de hacer las cosas que las personas menos productivas no gustan de hacer, aunque puede que a aquéllas tampoco les guste hacerlas.

Pensé profundamente sobre el principio que acababa de aprender. Tal vez mi problema no fuera la dilación; quizá mi

LA MÁS PRECIADA MERCANCÍA

vida se había vuelto demasiado complicada. Julián notó mi
desvelo.

—El yogui Raman decía que quienes son dueños de su
tiempo viven una vida sencilla. La naturaleza no previó un ritmo de vida frenético. Aunque él estaba convencido de que la
felicidad duradera sólo era alcanzable por aquellos que se mar-
caban objetivos personales bien definidos, el vivir una vida llena de realización no tenía por qué implicar el sacrificio de la
tranquilidad de ánimo. Esto es lo que más me fascinó. Me permitía ser productivo y al mismo tiempo realizar mis ansias espirituales.

Le abrí mi corazón a Julián:

—Siempre has sido honesto y sincero conmigo, así que yo
lo seré también. No quiero renunciar a mi trabajo ni a mi casa
ni a mi coche para ser más feliz y más dichoso. Me gustan mis
juguetes y las cosas materiales que poseo. Son las recompensas
por lo mucho que he trabajado todos estos años. Pero me siento vacío. Ya sabes en lo que soñaba cuando estaba en la facultad. Yo podría hacer mucho más en la vida. Estoy a punto de
cumplir cuarenta años, y nunca he ido al cañón del Colorado ni
a ver la torre Eiffel. Jamás he andado por el desierto ni cruzado
un lago en canoa bajo un glorioso sol de verano. Ni una sola
vez me he quitado los zapatos y los calcetines para andar descalzo por un parque, oyendo reír a los niños y ladrar a los
perros. Ni siquiera recuerdo la última vez que di un paseo, después de una nevada para disfrutar de las sensaciones.

—Simplifica tu vida, entonces —me sugirió Julián—. Aplica el Ritual de la Simplicidad a cada aspecto de tu mundo. Si lo
haces, seguro que tendrás más tiempo para paladear esas maravillas. Una de las cosas más trágicas que pueden sucedernos es
renunciar a vivir. Muchas personas sueñan con un mágico jar-

dín de rosas en lugar de disfrutar de las rosas que crecen en su propio patio. Es trágico.

—¿Alguna sugerencia?

—Eso lo dejo a tu imaginación. He compartido contigo muchas de las técnicas que aprendí de los sabios. Si tienes el coraje de aplicarlas, los resultados serán milagrosos. Ah, y eso me recuerda otra cosa que hago para que mi vida sea serena y sencilla.

—¿Cuál?

—Me encanta dormir una pequeña siesta por la tarde. Me mantiene vigoroso, fresco y juvenil. Supongo que podrías decir que se trata de un «sueño de belleza». —Julián rió.

—Bueno, la belleza nunca ha sido uno de tus fuertes.

—En cambio, uno de los tuyos es el sentido del humor, y te alabo por ello. Recuerda el poder de la risa. Al igual que la música, es un maravilloso tónico contra el estrés de la vida cotidiana. Yogui Raman lo expresó mejor cuando dijo: «La risa abre tu corazón y apacigua tu alma. Nadie debería tomarse la vida tan en serio como para olvidar reírse de sí mismo.»

Julián tenía un último aspecto que puntualizar sobre el asunto del tiempo.

—Esto es muy importante, John: deja de obrar como si te quedaran quinientos años de vida. Cuando Divea me trajo aquel reloj de arena me ofreció también un consejo que no olvidaré jamás.

—¿Qué fue?

—Que el mejor momento para plantar un árbol fue hace cuarenta años. El segundo mejor momento es hoy. No malgastes ni un minuto de tu vida. Fomenta una mentalidad de lecho de muerte.

—¿Cómo dices? —pregunté, impresionado por lo gráfico de la expresión—. ¿Qué es una mentalidad de lecho de muerte?

LA MÁS PRECIADA MERCANCÍA

—Una manera nueva de ver tu vida, un paradigma, si lo prefieres, algo que te recuerda que hoy puede ser el último día y que, por tanto, debes aprovecharlo al máximo.

»En realidad es una filosofía sobre la vida. Cuando adoptas esa mentalidad vives cada día como si fuera el último. Imagina que al despertar te haces esta sencilla pregunta: ¿qué haría hoy si fuese el último día? Luego piensa en cómo tratarías a tu familia, a tus colegas e incluso a quienes no conoces de nada. Piensa en la excitación con que vivirías cada momento al máximo. La cuestión del lecho de muerte puede por sí sola cambiar tu vida. Aportará un entusiasmo y un ánimo especiales a todo lo que hagas. Empezarás a centrarte en todas las cosas importantes que has ido relegando y dejarás de despilfarrar el tiempo en las cosas nimias que te han ido arrastrando al atolladero del caos y la crisis.

»Fuérzate a hacer más y a experimentar más —prosiguió Julián—. Utiliza tu energía para ensanchar tus sueños. Sí, ensancha tus sueños, John. No aceptes una idea mediocre cuando tienes un potencial infinito dentro de la fortaleza de tu mente. Atrévete a apelar a tu grandeza. Es tu derecho natural.

—Pides mucho.

—Pues hay más. Para romper el maleficio de la frustración que a tantas personas acecha existe un remedio muy simple. Obra como si el fracaso fuera imposible y tendrás el éxito asegurado. Borra todo pensamiento de que no lograrás tus objetivos, sean materiales o espirituales. Sé valiente y no pongas límites a tu imaginación. No seas un prisionero de tu pasado. Conviértete en el arquitecto de tu futuro. Ya no serás el mismo.

Mientras la ciudad empezaba a despertar y la mañana brotaba en todo su esplendor, mi amigo empezó a mostrar los primeros síntomas de cansancio tras una noche entera compartiendo su saber con un alumno impaciente. El vigor, la energía y el entusiasmo de Julián me tenían pasmado.

—Nos acercamos al final de la fábula mágica del yogui Raman y al momento en que debo marcharme —dijo con suavidad—. Tengo mucho que hacer y muchas personas con las que hablar.

—¿Vas a decir a tus socios que has vuelto a casa? —pregunté.

—Seguramente no. Soy muy diferente del Julián Mantle que ellos conocían. No pienso lo mismo, no llevo la misma ropa, no hago las mismas cosas. Soy otra persona. No me reconocerían.

—Sí, realmente eres un hombre nuevo —concedí, riéndome por dentro al imaginar a este monje ataviado con el hábito tradicional de Sivana subiendo al despampanante Ferrari de su antigua existencia.

—Quizá sería más exacto decir un nuevo ser.

—No veo la diferencia —repuse.

—En la India se dice este aforismo: «No somos seres humanos con una experiencia espiritual. Somos seres espirituales con una experiencia humana.» Yo sé cuál es mi papel en el universo. Veo qué soy. Ya no estoy en el mundo. Es el mundo el que está dentro de mí.

—Me temo que necesitaré un rato para meditar sobre eso —dije.

—Por supuesto, amigo mío. Llegará un momento en que comprenderás claramente mis palabras. Si sigues los principios que te he revelado y aplicas las técnicas, ten por seguro que avanzarás por el camino del esclarecimiento. Acabarás dominando el arte de gobernarte a ti mismo. Verás tu vida como lo que realmente es: una pequeña marca en el lienzo de la eternidad. Y acabarás viendo claramente quién eres y cuál es el propósito de tu vida.

—¿Que es...?

—Servir, por supuesto. Por más grande que sea tu casa o más moderno tu coche, la única cosa que podrás llevarte al final de tu vida es tu conciencia. Escúchala. Deja que ella te guíe. Tu conciencia sabe lo que está bien. Ella te dirá que tu vocación es en definitiva servir a los demás de una manera u otra. Esto es lo que me ha enseñado mi odisea personal. Mi misión es divulgar las enseñanzas de los Sabios de Sivana a todos quienes necesitan oírlas. Es el propósito de mi vida.

El fuego del saber había atizado el espíritu de Julián, esto era patente incluso para alguien no esclarecido como yo. Era tan apasionado, tan ferviente en lo que decía, que eso se reflejaba incluso en su aspecto físico. Su transformación de fatigado abogado en vital y joven Adonis no era producto de un mero cambio de dieta ni de una dosis diaria de ejercicios gimnásticos. No, lo que Julián había encontrado en aquellas majestuosas montañas era una panacea mucho más profunda. Había dado con el secreto que las personas han estado buscando a lo largo de los siglos. Era algo más que el secreto de la juventud o incluso de la felicidad. Julián había descubierto el secreto del Yo.

Resumen de acción del capítulo 11
La sabiduría de Julián en pocas palabras

El símbolo:	
La virtud:	Respetar el tiempo propio
La enseñanza:	• El tiempo es la mercancía más preciada y no es renovable • Centrarse en las prioridades y mantener el equilibrio • Simplificar la vida
Las técnicas:	• La vieja regla del Veinte • Tener el coraje de decir «NO» • La mentalidad del lecho de muerte
Cita valiosa:	*El tiempo se nos escurre de las manos como granitos de arena, y ya no vuelve. Quienes emplean el tiempo sabiamente desde una edad temprana tienen la recompensa de una vida plena, productiva y satisfactoria.*

DOCE

❧

El propósito
fundamental de la vida

Todo lo que vive no vive solo, no para sí mismo.

WILLIAM BLAKE

—Los Sabios de Sivana no eran sólo las personas más juveniles que he conocido —observó Julián—, sino también las más bondadosas. El yogui Raman me contó que de pequeño, cuando se acostaba, su padre iba a su choza cubierta de rosas y le preguntaba qué buenas obras había hecho durante el día. Lo creas o no, si el niño decía que no había hecho ninguna, su padre le exigía que se levantara e hiciera algún acto altruista. De lo contrario no le dejaba acostarse.

»Una de las virtudes esenciales para la vida esclarecida que puedo compartir contigo, John, es ésta: en el último momento, al margen de lo que hayas conseguido, al margen de las casas de veraneo que puedas tener, al margen de los coches que puedas acumular en tu garaje, la calidad de tu vida se reducirá a la calidad de lo que has aportado.

—¿Tiene algo que ver con las rosas amarillas de la fábula del yogui Raman?

—Desde luego que sí. Las flores te recordarán el antiguo

❧

187

proverbio chino que dice: «La mano que te da unas rosas siempre conserva un poco de la fragancia.» El sentido está claro: cuando trabajas para mejorar la vida de los demás, indirectamente estás elevando la tuya. Cuando te preocupas de realizar actos bondadosos diariamente y al azar, tu propia vida se enriquece y gana en significado. Para cultivar la santidad de cada día, sirve a los demás de alguna manera.

—¿Sugieres que me meta en alguna organización de voluntarios? —pregunté.

—Sería un excelente punto de partida. Pero en realidad estoy hablando de algo más filosófico. Lo que sugiero es que adoptes un nuevo paradigma de tu papel en este planeta.

—Me he perdido otra vez. Aclárame el sentido de la palabra «paradigma».

—Un paradigma no es más que un modo de ver una circunstancia o la vida en general. Algunas personas ven el vaso de la vida medio vacío. Los optimistas lo ven medio lleno. Interpretan la misma circunstancia de manera distinta porque han adoptado un paradigma distinto. Un paradigma es, básicamente, la lente a través de la cual ves los acontecimientos de la vida, tanto externos como internos.

—Entonces, cuando sugieres que adopte un nuevo paradigma, ¿me estás diciendo que debo cambiar mi punto de vista?

—En cierto modo. Para mejorar drásticamente la calidad de tu vida, debes cultivar una nueva interpretación de por qué estás aquí en la tierra. Debes comprender que, del mismo modo que viniste al mundo sin nada, tendrás que irte de él sin nada. Por consiguiente, sólo puede haber una única razón para que estés aquí.

—¿Y cuál sería?

—Entregarte a los demás y contribuir en todo lo que puedas. No estoy diciendo que no puedas tener tus juguetes o que hayas de dejar tu trabajo y dedicarte a los desposeídos, aunque recientemente he conocido personas que han optado por esa línea de acción y están muy satisfechas. Nuestro mundo está en plena transformación. La gente cambia dinero por sentido. Abogados que juzgaban a la gente por la magnitud de sus carteras la juzgan ahora por la magnitud de su compromiso con los demás, por el tamaño de su corazón. Muchos profesores están abandonando la seguridad de sus aulas para nutrir el crecimiento intelectual de los chicos marginados. La gente ha oído claramente la llamada del cambio. Se dan cuenta de que están aquí por algo y que se les han concedido unos dones que pueden ayudarlos a realizar ese propósito.

—¿Qué clase de dones?

—Exactamente los mismos que te he mencionado esta noche: capacidad mental, energía sin límite, gran creatividad, disciplina y sosiego. Se trata de abrir todos esos tesoros y aplicarlos en un bien común —comentó Julián.

—Entiendo. ¿Y cómo se empieza a hacer el bien?

—Sólo estoy diciendo que deberías considerar prioritario el cambiar tu visión del mundo y empezar a verte no puramente como un individuo sino como parte de la colectividad.

—¿Que debería volverme más bueno y amable?

—Piensa que la cosa más noble que puedes hacer es dar a los otros. Los sabios de Oriente lo denominan «despojarse de los grilletes del yo». Se trata de perder tu inseguridad y de centrarte en propósitos superiores. Podría tomar la forma de dar más a los que te rodean, ya sea tu tiempo o tu energía: éstos son en realidad tus dos recursos más valiosos. Podría ser algo tan importante como tomarte un año sabático para trabajar con los pobres o algo tan insignificante como dejar que unos cuantos coches te adelanten en mitad de un atasco de tráfico. Suena a rancio, pero si una cosa he aprendido es que la vida se mueve hacia una dimensión más mágica cuando empiezas a esforzarte por hacer del mundo un lugar más habitable. Al nacer, decía el yogui Raman, nosotros lloramos mientras el mundo se regocija. Sugería que deberíamos vivir de un modo que, en el momento de la muerte, el mundo llore mientras nosotros nos regocijamos.

Julián tenía razón. Una de las cosas que empezaban a fastidiarme de la abogacía era que no creía estar haciendo la clase de aportación que yo me sabía capaz de hacer. Desde luego, había tenido el privilegio de defender varios casos de esos que sientan precedente. Pero la ley se había convertido en un negocio desprovisto de amor. Yo, como muchos de mis coetáneos, fui un idealista en mi época de estudiante. En nuestros dormitorios, entre café y pizza rancia, planeábamos cambiar el mundo. Han pasado casi veinte años desde entonces, y mi ardiente deseo de fomentar el cambio ha dado paso a mi ardiente deseo de liquidar mi hipoteca y aumentar mi fondo de pensiones. Por primera vez en mucho tiempo, me di cuenta de que me había encerrado en un entorno de clase media que me protegía de la sociedad en general, un confortable capullo al que me había acostumbrado.

—Te contaré una historia interesante —continuó Julián—. Érase una vez una anciana a la que se le murió el marido. La mujer se fue a vivir con su hijo, la esposa de éste y una hija. Cada día, la anciana iba perdiendo vista y oído. A veces las manos le temblaban tanto que se le caían los guisantes al suelo y la sopa se le escurría del plato. A su hijo y su nuera les fastidiaba todo aquel desorden y un día dijeron basta. Dispusieron una mesita en un rincón para que la anciana comiera allí, a solas. Ella los miraba con lágrimas en los ojos desde la otra punta del comedor, pero ellos casi no le hablaban durante las comidas, salvo para regañarla porque se le caía el tenedor o la cuchara.

»Una tarde, antes de cenar, la niña estaba sentada en el suelo jugando con unos bloques de construcción. "¿Qué estás haciendo?", le preguntó su padre. "Construyo una mesita para ti y para mamá", dijo la niña. "Así, cuando yo sea mayor, podréis comer solos en un rincón." El padre y la madre guardaron silencio durante un rato. Y luego se echaron a llorar. Se habían hecho conscientes de la naturaleza de sus actos y de la pena que habían causado. Aquella noche hicieron que la anciana ocupara de nuevo su sitio en la gran mesa de comedor, y a partir de entonces ella siempre comió con el resto de la familia. Y cuando algo de comida caía al suelo o un tenedor resbalaba de la mesa, a nadie le molestaba.

»Los padres de esta historia no eran malos —dijo Julián—. Simplemente necesitaban que la chispa de la conciencia prendiera la vela de la compasión. La vida es más plena cuando hay compasión y actos de bondad diarios. Medita cada mañana sobre el bien que vas a hacer a los demás durante la jornada. Las palabras sinceras de elogio para quienes menos lo esperan, los gestos de afecto a amigos que lo necesitan, las pequeñas muestras de cariño hacia tu familia, todo eso sumado cambia radicalmente la manera de vivir. Y hablando de amistades, cerciórate de que no las descuidas. Una persona que tiene tres amigos puede considerarse realmente rica.

Asentí con la cabeza.

—Los amigos dan humor, fascinación y belleza a la vida. Pocas cosas hay que rejuvenezcan tanto como compartir unas buenas carcajadas con un viejo amigo. Los amigos te bajan los humos cuando te pasas de santurrón. Los amigos te hacen sonreír cuando te tomas las cosas demasiado a pecho. Los buenos amigos están para ayudarte cuando la vida te lanza uno de sus reveses y las cosas parecen peores de lo que son. Cuando yo estaba muy solicitado profesionalmente, no tenía tiempo para amigos. Ahora estoy bastante solo, sin contarte a ti, John.

Julián recobró la compostura.

—Sin embargo, no dedico tiempo a las lamentaciones. Mis maestros de Sivana me enseñaron que «cada día es un día nuevo para el que vive una vida esclarecida».

Yo siempre había considerado a Julián una especie de gladiador de los tribunales, un superabogado que aplastaba los argumentos de sus oponentes como el karateka parte una pila de tablones reforzados. El hombre que yo había conocido hace tantos años se había transformado en alguien muy distinto: un hombre afable, bueno y pacífico. Sabía quién era él y qué papel representaba en el teatro de la vida. A diferencia de los demás, parecía considerar el dolor de su pasado como un sabio maestro pero, al mismo tiempo, daba a entender que su vida era mucho más que la suma de los acontecimientos pasados.

Los ojos de Julián brillaban con la esperanza de cosas venideras. Yo me veía envuelto en su sentido del placer por las maravillas de este mundo y atrapado en su inquebrantable alegría de vivir. Me parecía que Julián Mantle, duro e implacable asesor legal de los ricachos, había superado aquel ser humano que pasaba por la vida sin pensar en los demás, para convertirse en un ser espiritual que pasaba por la vida ocupándose exclusivamente de los demás. Tal vez era ése el camino que yo estaba a punto de iniciar.

Resumen de acción del capítulo 12
La sabiduría de Julián en pocas palabras

El símbolo:

La virtud:

Servir desinteresadamente a los demás

La enseñanza:

- La calidad de la vida se reduce en definitiva a la calidad de lo que uno aporta
- Cultivar lo sagrado de cada día, vivir para dar
- Elevando la vida de los demás, la vida propia alcanza las más altas dimensiones

Las técnicas:

- Practicar diariamente actos de bondad
- Dar a quienes lo piden
- Cultivar relaciones más ricas

Cita valiosa:

La cosa más noble que puedes hacer es dar a los demás. Empieza a centrarte en tu propósito superior.

TRECE

El secreto
de la felicidad de por vida

*Cuando admiro la maravilla de un ocaso o la belleza de la
luna, toda mi alma se ensancha adorando al Creador.*

MAHATMA GANDHI

Más de doce horas habían transcurrido desde que Julián llegara a mi casa la noche anterior para explicarme las enseñanzas que él había recibido en Sivana; las doce horas más importantes de mi vida. De improviso me sentía jubiloso, motivado e incluso liberado. Julián había cambiado mi manera de ver la vida con la fábula del yogui Raman y las virtudes que representaba. Me daba cuenta de que no había empezado siquiera a explorar las posibilidades de mi potencialidad. Había estado derrochando los dones que la vida había puesto a mi paso. Las enseñanzas de Julián me habían brindado la oportunidad de luchar a brazo partido con las heridas que me impedían vivir con la risa, la energía y la satisfacción que yo sabía que merecía. Estaba emocionado.

—Tendré que irme pronto. Tú tienes compromisos que te urgen y yo tengo cosas que hacer —dijo Julián con tono de disculpa.

—Mi trabajo puede esperar.

—El mío no —dijo con una sonrisa—. Pero antes de partir debo revelarte el último elemento de la fábula mágica. Recordarás que el luchador de sumo salía del faro sin nada encima salvo un cable rosa que le cubría las partes, resbalaba en un cronógrafo de oro y caía al suelo. Tras lo que parecía una eternidad, finalmente recobraba el conocimiento al percibir la fragancia de las rosas amarillas. El luchador se ponía en pie de un salto y quedaba pasmado al ver un largo y sinuoso sendero atiborrado de pequeños diamantes. Pues bien, nuestro amigo el luchador enfilaba ese camino y vivía feliz para siempre.

—No está mal. —Reí.

—El yogui Raman tenía una gran imaginación, lo reconozco. Pero tú has visto que la historia encierra una finalidad y que los principios que simboliza no sólo son poderosos sino sumamente prácticos.

—Es verdad —admití.

—El sendero de los diamantes te recordará, pues, la virtud final de la vida esclarecida. Aplicando este principio a lo largo de tu jornada de trabajo, podrás enriquecer tu vida de un modo que me resulta difícil describir. Empezarás a ver exquisitas maravillas en las cosas más simples y vivirás en el éxtasis que te mereces. Y cumpliendo tu promesa de compartir esta sabiduría con otras personas, facilitarás que también ellos transformen su mundo de ordinario en extraordinario.

—¿Me costará mucho aprender esto?

—El principio en sí es muy fácil de entender. Pero aprender a aplicarlo con eficacia en todos los momentos del día te llevará un par de semanas de práctica continuada.

—Adelante, me muero de ganas.

—Los Sabios de Sivana creían que una vida realmente gozosa y gratificante sólo se consigue mediante un proceso que ellos llamaban «vivir en el ahora». Los yoguis sabían que el pasado ya no está y que el futuro es un sol lejano en el horizonte de tu imaginación. El momento que cuenta es el ahora. Aprende a vivir en él, a paladearlo.

—Entiendo lo que dices, Julián. Parece que siempre estoy preocupándome por cosas pasadas que no tengo el poder de cambiar, cuando no por cosas venideras, que luego nunca llegan. Siempre tengo en la cabeza mil pensamientos que me arrastran hacia mil direcciones diferentes. Es muy frustrante.

—¿Por qué?

—¡Eso me agota! Será que no tengo la conciencia tranquila. Y sin embargo ha habido momentos en que mi mente estaba ocupada sólo en lo que tenía ante mí. A veces me pasaba cuando tenía algún resumen que hacer y no me quedaba tiempo para pensar en otra cosa que en esa tarea. También lo he experimentado cuando jugaba al fútbol con los chicos y quería ganar. Las horas me pasaban volando. Era como si lo único importante fuera lo que estaba haciendo en ese preciso instante. Todo lo demás, las preocupaciones, las facturas, la abogacía, no importaba. Y ahora que lo pienso, creo que en esos momentos es cuando más sosegado me encontraba.

—Buscar algo que te plantea un verdadero reto es la ruta más segura para la satisfacción personal. Pero la auténtica clave a recordar es que la felicidad es un viaje, no un destino. Vive hoy, pues ya no habrá otro día igual que éste —afirmó Julián, juntando las manos como para ofrecer una oración de gracias por ser conocedor de lo que acababa de decir.

—¿Ése es el principio que el sendero de los diamantes simboliza en la fábula del yogui Raman?

—Sí. Igual que el luchador de sumo encuentra la satisfacción y la alegría andando por esa senda, tú puedes tener la vida que mereces tan pronto empieces a comprender que el sendero por el que estás caminando está lleno de diamantes y otros tesoros. No pases tanto tiempo persiguiendo los grandes placeres de la vida mientras descuidas los pequeños. Afloja el ritmo. Disfruta la belleza de todo cuanto te rodea. Te lo debes a ti mismo.

—¿Significa eso que debería dejar de marcarme grandes objetivos para el futuro y concentrarme en el presente?

—No —replicó Julián—. Como he dicho antes, los objetivos y los sueños de futuro son esenciales en toda vida de éxito. Esperar lo que vendrá a continuación es lo que te hace levantar de la cama cada mañana y lo que te inspira día a día. Las metas dan vigor a la vida. Lo que digo es que no dejes de lado la felicidad por mor de la realización. No dejes para más tarde las cosas que son importantes para tu bienestar y tu satisfacción personal. Has de vivir plenamente el día de hoy, no esperes a ganar la lotería o a jubilarte. La vida no hay que postergarla.

Julián se puso en pie y empezó a pasearse por el salón, como un abogado veterano que estuviera desgranando sus últimos argumentos en su apasionado alegato final.

—No te engañes pensando que serás un marido más afectuoso cuando tu bufete contrate a unos cuanto abogados jóvenes para aligerar la carga. No te engañes creyendo que empezarás a enriquecer tu mente, cuidar tu cuerpo y nutrir tu alma cuando tu cuenta bancaria sea más voluminosa y dispongas de más tiempo libre. Hoy es el día de disfrutar el fruto de tus esfuerzos. Hoy es el día de agarrar la oportunidad y vivir una vida pletórica. Hoy es el día de vivir según tu imaginación, de cosechar tus sueños. Y, por favor, jamás olvides el don de la familia.

—No estoy seguro de saber lo que quieres decirme.

—Vive la infancia de tus hijos —dijo.

—¿Qué? —repuse perplejo por la aparente paradoja.

—Pocas cosas hay tan importantes como formar parte de la infancia de tus hijos. ¿Qué sentido tiene subir los peldaños del éxito si te pierdes los primeros pasos de tus hijos? ¿Qué sentido tiene poseer la casa más grande de tu barrio si no tienes tiempo de crear un hogar? ¿De qué sirve ser conocido en todo el país como un excelente abogado si tus hijos no conocen siquiera a su padre? —Julián hablaba ahora temblando de emoción—. Sé de lo que hablo.

Este último comentario me anonadó. Todo lo que yo sabía de Julián era que había sido un superabogado que se codeaba con los ricos y los famosos. Sus aventuras con núbiles modelos eran casi tan legendarias como su destreza en el tribunal. ¿Qué podía saber este ex millonario y *playboy* de lo que era ser padre? ¿Qué podía saber él del esfuerzo diario a que yo me enfrentaba tratando de ser al mismo tiempo un gran padre y un abogado de éxito? Pero el sexto sentido de Julián me cautivó.

—Yo también sé algo de esas bendiciones a las que llamamos hijos —dijo en voz baja.

—Pero yo pensaba que eras el soltero más cotizado de la ciudad antes de que arrojaras la toalla y renunciaras a la abogacía.

—Cuando aún no me obnubilaba la ilusión del frenético estilo de vida por el que me hice famoso, estuve casado. —Hizo una pausa, como un niño antes de decir a su mejor amigo un secreto muy bien guardado—. Lo que ignoras es que también tuve una hija. Era la criatura más dulce y delicada que he conocido. Por entonces yo era como tú cuando nos conocimos: engreído, ambicioso y lleno de esperanza. Tenía todo lo que se podía desear. La gente me decía que mi futuro era brillante, que mi esposa era hermosa y mi hija maravillosa. Pero cuando la vida parecía tan perfecta, me quedé sin nada de la noche a la mañana.

Por primera vez desde su regreso, la cara alegre de Julián se sumió en la tristeza. Una lágrima resbaló por una de sus bronceadas mejillas y cayó sobre la tela aterciopelada de su túnica roja. Me quedé perplejo.

—No tienes por qué continuar, Julián —dije, poniendo un brazo sobre su hombro para consolarle.

—Quiero hacerlo, John. De todos cuantos conocí en mi antigua vida, tú eras el más prometedor. Como te he dicho, me recordabas mucho a mí mismo cuando era joven. Incluso ahora, aún tienes mucho que decir. Pero si sigues viviendo de esta manera, vas camino del desastre. Aún tienes muchas maravillas que explorar, muchos momentos para disfrutar.

»El conductor borracho que mató a mi hija no se llevó solamente una vida preciosa en aquella soleada tarde de octubre, sino dos. Al fallecer mi hija, mi vida dio un vuelco. Empecé a pasarme el día entero en mi despacho, esperando tontamente que mi profesión me salvara del dolor. Algunos días dormía incluso en un diván de la oficina, pues temía volver a casa y enfrentarme a los recuerdos. Y si bien mi carrera experimentó un brusco despegue, mi mundo interior era un desastre. Mi mujer, que había sido mi compañera de siempre desde la facultad, me dejó alegando como razón principal, la gota que colma el vaso, mi obsesión por el trabajo. Mi salud se deterioró y fui cayendo en la espiral de esa vida infame en que estaba metido cuando nos conocimos. Tenía todo lo que se podía comprar con dinero, por supuesto. Pero a cambio vendí mi alma —concluyó emocionado, fallándole la voz.

—Entonces cuando dices «vive la infancia de tus hijos», me estás diciendo que dedique tiempo a verlos crecer. Es eso, ¿verdad?

—Incluso hoy, veintisiete años después de que ella nos dejara mientras la acompañábamos a la fiesta de cumpleaños de su mejor amiga, daría cualquier cosa por oír la risa de mi hija una vez más, o jugar con ella al escondite como hacíamos en nuestro jardín. Me encantaría poder abrazarla y acariciar sus cabellos dorados. Ella se llevó una parte de mi corazón al morir. Y aunque mi vida ha encontrado nueva inspiración desde que descubrí el camino del esclarecimiento allá en Sivana, no pasa un solo día que no vea la sonrosada cara de mi hija en mi mente. Tienes unos hijos preciosos, John. No te pierdas el bosque por culpa de los árboles. El mejor regalo que puedes dar a tus hijos es tu amor. Procura conocerlos. Muéstrales que son más importantes para ti que las fugaces recompensas de tu profesión. Ellos se marcharán muy pronto, formarán una familia. Entonces será demasiado tarde, ya no habrá tiempo.

Julián me había llegado a lo más hondo. Supongo que yo sabía desde hace tiempo que mi adicción al trabajo estaba aflojando poco a poco mis lazos familiares. Pero era como las brasas que arden lentamente, acumulando energía antes de revelar todo el alcance de su potencial destructivo. Sabía que mis hijos me necesitaban, aunque ellos no me lo hubieran dicho. El tiempo iba pasando y mis hijos crecían rápidamente. Yo no recordaba cuándo había sido la última vez que mi hijo Andy y yo habíamos dedicado una mañana de sábado para ir a pescar a ese sitio que tanto le gustaba a su abuelo. Hubo un tiempo en que íbamos a pescar cada semana. Ahora se había convertido en un recuerdo lejano.

Cuanto más pensaba en ello, más me afectaba. Recitales de piano, juegos de Navidad, campeonatos infantiles, todo había quedado relegado en beneficio de mi carrera profesional.

No había duda de que me estaba deslizando por esa pendiente peligrosa que mencionaba Julián. En ese instante decidí cambiar.

—La felicidad es un viaje —prosiguió Julián, hablando otra vez con pasión—. Es también una elección que tú debes hacer. Puedes maravillarte de los diamantes que hay en el camino o puedes seguir corriendo toda tu vida, persiguiendo ese cofre del tesoro que a la postre resulta estar vacío. Disfruta esos momentos que cada día te ofrece, porque hoy es lo único que tienes.

—¿Se puede aprender a vivir en el presente?

—Desde luego. Sean cuales sean tus circunstancias actuales, puedes entrenarte para disfrutar el don de la vida y llenar tu existencia con las joyas de la vida cotidiana.

—¿No eres demasiado optimista? Piensa en alguien que lo ha perdido todo debido a un mal negocio. Imagina que no sólo está en bancarrota financiera sino también emocional.

—La magnitud de tu cuenta bancaria y la de tu casa no tienen nada que ver con la sensación de alegría. Este mundo está lleno de millonarios desdichados. ¿Crees que a los sabios que conocí en Sivana les preocupaba tener una cuenta saneada y adquirir una casa de veraneo en la Costa Azul?

—Entiendo.

—Hay una gran diferencia entre tener mucho dinero y tener mucha vida. Cuando empieces a emplear aunque sean cinco minutos al día en practicar el arte de la gratitud, cultivarás la riqueza de la vida que persigues. Incluso esa persona que mencionabas en tu ejemplo puede encontrar muchas cosas por las que estar agradecido, sea cual sean sus apuros económicos. Pregúntale si aún conserva la salud, la familia y la buena reputación. Pregúntale si le complace ser ciudadano de este gran país y si tiene un techo sobre su cabeza. Tal vez no tenga otros activos que una gran capacidad para trabajar y tener grandes sueños. Sin embargo, se trata de cosas por las que debería sentirse agradecido. Incluso los pájaros que cantan frente a tu ventana en un espléndido día de verano son también un regalo para la persona sabia. Recuerda, John, la vida no siempre te da lo que pides, pero sí te da lo que necesitas.

—Entonces, dar gracias cada día por lo que tengo, sea material o espiritual, ¿me hará desarrollar el hábito de vivir el presente?

—Sí. Es un método muy efectivo para vivir a fondo tu vida. Cuando saboreas el «ahora», lo que haces es avivar el fuego de la vida que permite cultivar tu destino.

—¿Cultivar mi destino?

—Sí. He dicho antes que todos recibimos ciertos talentos, ciertas aptitudes. Cada individuo es un genio.

—No conoces a algunos abogados con los que trabajo —bromeé.

—Todo el mundo —dijo Julián enfáticamente—. Todos tenemos algo para lo que estamos hechos. Tu genio saldrá a relucir y serás feliz tan pronto descubras tu propósito y dirijas hacia él todas tus energías. Una vez estés conectado con esta misión, tanto si se trata de ser un gran profesor o un inspirado artista, tus deseos se colmarán sin esfuerzo. Ni siquiera tendrás que probarlo. En realidad, cuanto más lo intentas, más tardas en lograr tus objetivos. Lo que debes hacer es seguir el camino que marcan tus sueños confiando plenamente en la recompensa. Eso te llevará a tu destino divino.

»Cuando yo era pequeño, a mi padre le encantaba leerme un cuento de hadas titulado *Pedro y el hilo mágico*. Pedro era un niño muy vivaracho. Todos le querían: su familia, sus maestros y sus amigos. Pero tenía una debilidad.

—¿Cuál?

—Era incapaz de vivir el momento. No había aprendido a disfrutar el proceso de la vida. Cuando estaba en el colegio, soñaba con estar jugando fuera. Cuando estaba jugando soñaba con las vacaciones de verano. Pedro estaba todo el día soñando, sin tomarse el tiempo de saborear los momentos especiales de su vida cotidiana. Una mañana, Pedro estaba caminando por un bosque cercano a su casa. Al rato, decidió sentarse a descansar en un trecho de hierba y al final se quedó dormido. Tras unos minutos de sueño profundo, oyó a alguien gritar su nombre con voz aguda. Al abrir los ojos, se sorprendió de ver una mujer de pie a su lado. Debía de tener unos cien años y sus cabellos blancos como la nieve caían sobre su espalda como una apelmazada manta de lana. En la arrugada mano de la mujer había una pequeña pelota mágica con un agujero en su centro, y del agujero colgaba un largo hilo de oro.

»La anciana le dijo: "Pedro, éste es el hilo de tu vida. Si tiras un poco de él, una hora pasará en cuestión de segundos. Y si tiras con todas tus fuerzas, pasarán meses o incluso años en cuestión de días." Pedro estaba muy excitado por este descubrimiento. "¿Podría quedarme la pelota?", preguntó. La anciana se la entregó.

»Al día siguiente, en clase, Pedro se sentía inquieto y aburrido. De pronto recordó su nuevo juguete. Al tirar un poco del hilo dorado, se encontró en su casa jugando en el jardín. Consciente del poder del hilo mágico, se cansó enseguida de ser un colegial y quiso ser adolescente, pensando en la excitación que esa fase de su vida podía traer consigo. Así que tiró una vez más del hilo dorado.

»De pronto, ya era un adolescente y tenía una bonita amiga llamada Elisa. Pero Pedro no estaba contento. No había aprendido a disfrutar el presente y a explorar las maravillas de cada etapa de su vida. Así que sacó la pelota y volvió a tirar del hilo, y muchos años pasaron en un instante. Ahora se vio transformado en un hombre adulto. Elisa era su esposa y Pedro estaba rodeado de hijos. Pero Pedro reparó en otra cosa. Su pelo, antes negro como el carbón, había empezado a encanecer. Y su madre, a la que tanto quería, se había vuelto vieja y frágil. Pero él seguía sin poder vivir el momento. De modo que, una vez más, tiró del hilo mágico y esperó a que se produjeran cambios.

»Pedro comprobó que ahora tenía noventa años. Su mata de pelo negro se había vuelto blanca y su bella esposa, vieja también, había muerto unos años atrás. Sus hijos se habían hecho mayores y habían iniciado vidas propias lejos de casa. Por primera vez en su vida, Pedro comprendió que no había sabido disfrutar de la maravillas de la vida. Nunca había ido a pescar con sus hijos ni paseado con Elisa a la luz de la luna. Nunca había plantado un huerto ni leído aquellos hermosos libros que a su madre le encantaba leer. En cambio, había pasado por la vida a toda prisa, sin pararse a ver todo lo bueno que había en el camino.

»Pedro se puso muy triste y decidió ir al bosque donde solía pasear de muchacho para aclarar sus ideas y templar su espíritu. Al adentrarse en el bosque, advirtió que los arbolitos de su niñez se habían convertido en robles imponentes. El bosque mismo era ahora un paraíso natural. Se tumbó en un trecho de hierba y se durmió profundamente. Al cabo de un minuto, oyó una voz que le llamaba. Alzó los ojos y vio que se trataba nada menos que de la anciana que muchos años atrás le había regalado el hilo mágico. "¿Has disfrutado de mi regalo?", preguntó ella. Pedro no vaciló al responder: "Al principio fue divertido pero ahora odio esa pelota. La vida me ha pasado sin que me enterase, sin poder disfrutarla. Claro que habría habido momentos tristes y momentos estupendos, pero no he tenido oportunidad de experimentar ninguno de los dos. Me siento vacío por dentro. Me he perdido el don de la vida." "Eres un desagradecido, pero igualmente te concederé un último deseo", dijo la anciana. Pedro pensó unos instantes y luego respondió: "Quisiera volver a ser un niño y vivir otra vez la vida." Dicho esto se quedó otra vez dormido.

»Pedro volvió a oír una voz que le llamaba y abrió los ojos. ¿Quién podrá ser ahora?, se preguntó. Cuál no sería su sorpresa cuando vio a su madre de pie a su lado. Tenía un aspecto juvenil, saludable y radiante. Pedro comprendió que la extraña mujer del bosque le había concedido el deseo de volver a su niñez. "Date prisa, Pedro. Duermes demasiado. Tus sueños te harán llegar tarde a la escuela si no te levantas inmediatamente", le reprendió su madre. Ni que decir tiene que Pedro saltó de la cama al momento y empezó a vivir la vida tal como había esperado. Conoció muchos momentos buenos, muchas alegrías y triunfos, pero todo empezó cuando tomó la decisión de no sacrificar el presente por el futuro y empezó a vivir el ahora.

—Una historia sorprendente —dije.

—Por desgracia, John, la historia de Pedro y el hilo mágico no es más que eso, un cuento. En el mundo real nunca tenemos una segunda oportunidad de vivir la vida con plenitud. Hoy es tu oportunidad de despertar a ese regalo que es la vida... antes de que sea tarde. El tiempo se escurre entre los dedos como los granos de arena. Que este nuevo día sea el inicio de tu vida, el día en que tomas la decisión de concentrarte en lo más importante para ti. Toma la decisión de invertir más tiempo con quienes dan sentido a tu vida. Deléitate en el poder de esos momentos especiales. Haz las cosas que siempre has querido hacer. Escala esa montaña que siempre has querido escalar o aprende a tocar la trompeta. Baila bajo la lluvia o monta un nuevo negocio. Aprende a amar la música, aprende un nuevo idioma y reaviva el placer de tu infancia. Deja de posponer tu felicidad a expensas de la realización. ¿Por qué no disfrutar del proceso? Empieza a atender a tu alma. Éste es el camino del nirvana.

—¿El nirvana?

—Los Sabios de Sivana aseguran que el destino final de todas las almas esclarecidas es un lugar llamado Nirvana. En realidad, más que un lugar físico, el nirvana es un estado que trasciende todo lo conocido. En el nirvana todo es posible. No hay sufrimiento, y la danza de la vida se ejecuta con perfección divina. Alcanzar el nirvana es para los sabios entrar en el cielo sin abandonar la tierra. Ésta es su meta en la vida —comentó Julián, radiante de paz, casi como un ángel.

»Todos estamos aquí por una razón especial —dijo proféticamente—. Medita sobre tu verdadera vocación y sobre cómo puedes darte a los demás. Deja de ser un prisionero de la gravedad. Hoy mismo, prende la chispa de la vida y déjala arder. Empieza a aplicar los principios y las estrategias que he compartido contigo. Sé todo lo que puedas ser. Llegará el momento en que también tú probarás los frutos del nirvana.

—¿Cómo sabré cuándo he alcanzado ese estado de esclarecimiento?

—Pequeños indicios te lo irán mostrando. Empezarás a notar la santidad en todo lo que te rodea: la divinidad de un rayo de luna, el encanto de un deslumbrante cielo azul en pleno verano, el fragante capullo de una margarita o la risa de un niño travieso.

—Julián, te prometo que el tiempo que has pasado conmigo no ha sido en vano. Me dedicaré a vivir según las enseñanzas de los Sabios de Sivana y cumpliré mi promesa de compartirlas con personas que se beneficiarán de tu mensaje. Te doy mi palabra —dije, sintiendo una gran emoción.

—Divulga el rico legado de los sabios. Quienes te rodean se beneficiarán de este saber y mejorarán la calidad de sus vidas, como tú mejorarás la tuya. Y recuerda que el viaje es para disfrutarlo. El camino es igual de bueno que su final.

Dejé que Julián continuara.

—El yogui Raman sabía mucho de contar historias, pero hay una que destaca sobre las demás. ¿Puedo contártela?

—Desde luego.

—Hace muchos años, en la antigua India, un marajá quiso erigir un gran tributo a su esposa como muestra del amor y el cariño que sentía por ella. El marajá quería construir un edificio que no se pareciera a ningún otro, un edificio que brillara en la noche y que la gente pudiera admirar en siglos venideros. Así que día a día, bloque a bloque, sus obreros se afanaban bajo un sol abrasador. El edificio iba tomando cuerpo poco a poco, cada vez se parecía más a un monumento, un hito de amor destacándose contra el azul cielo indio. Finalmente, tras veintidós años de avances paulatinos, el palacio de mármol puro quedó terminado. ¿Sabes de qué estoy hablando?

—Ni idea.

—Del Taj Mahal, una de las siete maravillas del mundo. Lo que trato de decir es simple: todos los pobladores de este planeta son una maravilla. Cada uno de nosotros es un héroe, de un modo u otro. Cada uno de nosotros tiene el potencial para hacer grandes cosas, para alcanzar la felicidad y sentirse satisfecho. Todo lo que se necesita es dar pequeños pasos en la dirección que marcan nuestros sueños. Como el Taj Mahal, una vida colmada de maravillas se construye día a día, bloque a bloque. Las pequeñas victorias conducen a las grandes victorias. Esos cambios casi insignificantes, esas mejoras que te he sugerido, producirán hábitos positivos. Los hábitos positivos producirán a su vez resultados. Y los resultados inspirarán un cambio más importante en lo personal. Empieza a vivir cada día como si fuera el último. A partir de hoy, aprende más, ríe más y haz lo que realmente te encanta hacer. No renuncies a tu destino: lo que está detrás de ti y lo que está delante de ti importa poco comparado con lo que está dentro de ti.

Y sin decir más, Julián Mantle, el abogado millonario convertido en monje esclarecido, se puso en pie, me abrazó como al hermano que nunca tuvo y salió de mi sala de estar al calor de otro día sofocante. Al quedarme solo y reflexionar, advertí que la única prueba que tenía de la extraordinaria visita de aquel sabio mensajero descansaba delante de mí sobre la mesita de centro. Era su taza vacía.

Resumen de acción del capítulo 13
La sabiduría de Julián en pocas palabras

El símbolo:	

La virtud: Abrazar el presente

La enseñanza:

- Vivir en el «ahora». Paladear el presente
- No sacrificar la felicidad a expensas de la realización
- Saborear el viaje y vivir cada día como si fuera el último

Las técnicas:

- Vivir la infancia de los hijos
- Practicar la gratitud
- Cultivar el propio destino

Cita valiosa:

Todos estamos aquí por una razón especial. Deja de ser un prisionero de tu pasado. Conviértete en arquitecto de tu futuro.

Las 7 virtudes imperecederas
de la vida esclarecida

Las 7 virtudes imperecederas
de la vida esclarecida

Virtud	Símbolo

1 Dominar la mente

 El jardín esplendoroso

2 Seguir el propósito

 El faro imponente

3 Practicar el *kaizen*

 El luchador de sumo

4 Vivir con disciplina

 El cable de alambre rosa

5 Respetar el propio tiempo

El cronógrafo de oro

6 Servir desinteresadamente a los otros

 Las rosas fragantes

7 Abrazar el presente

 El sendero de los diamantes

Iglesia Semilla de
Moztarc

Fermin Quarto
Enseguida de oficina
generales de Mexicana
de Aviasion
Colonia del Valle

El Monje que vendió su ferrari
de Robin S. Sharma
se terminó de imprimir en **Noviembre** 2009 en
Drokerz Impresiones de México S.A. de C.V.
Venado N° 104, Col. Los Olivos
C.P. 13210, México, D. F.